Schneegestöber

TVZ

Holger Finze-Michaelsen (Hg.)

Schneegestöber

Bündner Weihnachtsgeschichten

TVZ
Theologischer Verlag Zürich

Gedruckt mit freundlicher Unterstützung der
Evangelisch-reformierten Landeskirche Graubünden

Der Theologische Verlag Zürich wird vom Bundesamt für Kultur mit einem Strukturbeitrag für die Jahre 2016–2018 unterstützt.

Bibliografische Information der Deutschen Nationalbibliothek
Die Deutsche Nationalbibliothek verzeichnet diese Publikation in der Deutschen Nationalbibliografie; detaillierte bibliografische Daten sind im Internet über http://dnb.dnb.de abrufbar.

Umschlaggestaltung: Mario Moths, unter Verwendung einer
Illustration von Mihajlo Nenad
Illustrationen: © Mihajlo Nenad, Küblis, mnenad.com

Satz und Layout: Mario Moths, Marl
Druck: Rosch Buch, Scheßlitz
ISBN 978-3-290-18171-0

Inhalt

Vorwort

GRAUBÜNDEN IST MEHR und anderes als nur eine beliebte Tourismusregion. Graubünden bedeutet mehr als Täler, Berge, Wanderwege im Sommer und Skipisten im Winter. Es wird hier zwar besondere, teils sogar ungewöhnliche Lebensumstände geben. Aber am Ende werden in den 150 Tälern wie anderswo Freude und Traurigkeit erlebt, Gemeinschaft und Einsamkeit, Phantasie und ausgetretene Pfade. Und das auch zur Weihnachtszeit.

Der Schriftsteller Peter Bichsel sagte in einem Interview im Januar 2018: «Es gibt zwei Erzählungen, an die sich fast alle Leute in Europa erinnern. Die eine ist die Weihnachtsgeschichte, und die andere ist die Gutenachtgeschichte, die die Mutter erzählt.» Eines der herausragenden christlichen Feste und seine biblische Botschaft stösst überall das Erzählen von neuen Geschichten an. Die hier versammelten 20 «Bündner Weihnachtsgeschichten» sind auf Einladung des Herausgebers beigesteuert worden. Sie alle rücken Menschen zu dieser Zeit des Jahres in den Mittelpunkt:

Von einer syrischen Flüchtlingsfamilie im Churer Kantonsspital bis zu Jugendlichen, die an einem Sterbebett Weihnachtslieder singen; vom Kind, das von einer Schulweihnacht ausgeschlossen wird, bis zum alten Mann, dem dieses Fest unerträglich geworden ist.

Geschichten regen dazu an, sich in andere Menschen hineinzudenken. Letztlich will auch die biblische Geschichte von der Geburt Jesu Christi nichts anderes als das bewirken: Sich hineinzudenken in das Gewicht dieser Botschaft von der Ehre Gottes und dem Frieden auf Erden. Und sich hineinzudenken in die Menschen, denen diese Botschaft gilt.

Holger Finze-Michaelsen

ASTRID WEINERT-WURSTER

Lorenz und Loredana auf dem Weg nach Betlehem

LORENZ IST NEUN Jahre alt. Er ist kein kleines Kind mehr – das hat ihm die Tata, die Grossmutter, an seinem letzten Geburtstagsfest gesagt. Er ist ein lieber Junge, wie er immer wieder hört. Er lacht oft und freut sich, wenn die anderen Leute mitlachen. Lorenz mag Menschen. Er strahlt die Leute gerne an und begrüsst sie zuweilen mit einem Handkuss oder einer Umarmung.

Lorenz ist anders als die anderen Buben und Mädchen aus seinem kleinen Dorf in den Bergen. Das weiss er seit dem Kindergarten. Er macht die Sachen auf seine Weise. Lorenz kann viele Kunststücke. Musik gefällt ihm sehr. Wenn er Lust hat, dann tanzt Lorenz dazu. Zu seiner Lieblingsmusik gehören Weihnachtslieder. Die singt er auch im Sommer.

Lorenz besucht die Schule im Zentrum für Sonderpädagogik. Das ist schon recht. Nur ist es weit. Darum schläft Lorenz dreimal in der Woche in der Wohngruppe. Lorenz vermisst dann Mama, Papa und Leika, seinen Hund. Und Mama, Papa und Leika vermissen ihn.

Im Moment gilt das natürlich nicht. Jetzt ist es überall schön. Zu Hause hat Mama Sterne an die Fenster gehängt. Papa hat Lichter an die Tanne vor dem Haus montiert. Der Baum leuchtet in der Nacht wie ein Christbaum. Und im Schulhaus riecht es gut. Immer wieder backt eine Klasse etwas Feines. Lorenz und seine Klasse haben gestern in der Schule Mailänderli ausgestochen und in den Ofen geschoben. Eines hat Lorenz probiert, die anderen hat er als Geschenk für Papa verpackt.

Lorenz besitzt zwei Adventskalender: Einen mit Zeichnungen in der Wohngruppe und einen gefüllt mit Schokolade zu Hause. So kann er manchmal mehr als ein Türchen pro Tag öffnen. Es sind nicht mehr viele Türchen bis Weihnachten.

Jeden Morgen darf ein Schüler eine Seite des Wandkalenders weiterblättern. Die Bilder zeigen, was die lustigen Zwerge vor Weihnachten machen. Adventszeit heisst das, hat Lorenz in der Religion gelernt. Man wartet auf Weihnachten. Lorenz kann fast nicht mehr warten.

Es ist Nachmittag. Endlich beginnt das Krippenspiel in der Turnhalle. Sehr viele Leute sind da – auch Mama, Papa und Tata. Leika durfte nicht kommen.

Die ganze Schule hat oft geübt, damit es gut klappt. Nun sind alle bereit. Die Schulleiterin sagt etwas, dann geht der Vorhang auf.

Sina steht auf der Bühne. Sie spielt den Engel Gabriel. Sina ist eine grosse Schülerin. Sie geht nächstes Jahr ins Engadin und arbeitet dort in einer Werkstätte. In ihrem weissen Kleid verkündet Sina: «Maria, du wirst Mutter werden. Dein Sohn wird ein besonderes Kind sein.» Lorenz ist für mich auch ein besonderes Kind, sagt seine Mama gelegentlich.

Loredana spielt Maria. Loredana kann nicht sprechen, doch sie muss auch nichts sagen. Loredana geht mit einem Rollator. Sie ist in ein blaues Tuch gewickelt. Sie schaut den Engel Gabriel an und nickt.

Mirko und Gian-Luca sind Soldaten. Sie stampfen laut auf die Bühne. Sie tragen Militärjacken. Dazu gehören bei Mirko ein Gürtel mit einem Messer und eine Medaille des Grossvaters. Gian-Luca hat eine Trommel. Beim Üben wollte Gian-Luca gar nicht mehr mit dem Trommeln aufhören.

Sie kommen nach vorn. Gian-Luca trommelt ein bisschen und stoppt dann. Herr Meier, sein Lehrer, seufzt erleichtert. Mirko sagt: «Alle aufpassen! Der Kaiser will euch zählen! Geht dorthin, wo ihr herkommt! Sofort!»

Plötzlich ruft Curdin, der gar nicht an der Reihe ist: «Das ist eine dumme Idee!» Aber das macht nichts, denn das stimmt ja.

Endlich darf Lorenz spielen. Er ist Josef. Seinen Kopf schmückt ein grauer Filzhut. Die schwarze Trachtenpelerine von Tata umhüllt ihn als Mantel.

Lorenz und Loredana, also Josef und Maria, sind auf dem Weg nach Betlehem. Vorne an den Rollator haben die Lehrerinnen das Bild eines Esels geklebt. Lorenz sagt laut und deutlich: «Maria, magsch no? Es ist nicht mehr weit.» Das haben sicher alle gut verstanden. Loredana geht als Maria langsam weiter.

Nun suchen Maria und Josef einen Platz im Hotel. Zuerst war Andrea der Wirt. Andreas Eltern haben ein Restaurant. Darum wollte Andrea immer zu Maria und Josef sagen: «Bitte kommt herein!» Das durfte er aber nicht. Aus diesem Grunde ist jetzt Alex der Wirt. Der kann gut schimpfen. Andrea spielt einen Knecht.

Lorenz als Josef klopft. «Hast du ein Zimmer?» Der Wirt Alex brüllt so laut er kann: «Verschwindet!» Lorenz erschrickt. Zum Glück schlägt Andrea, der Knecht, vor: «Geht in den Stall! Ist es recht, wenn ich euch den Weg zeige?»

Zum Weihnachtslied, das sie jetzt singen, macht Frau Cabalzar Gebärden, damit es alle gut verstehen.

Um ein rotes Tuch sitzen die Hirten. Sie haben Lammfelle umgehängt. Einige von den Kleinen sind die Schafe. Sie dürfen wild umherrennen – aber zu wild auch wieder nicht.

Levin sitzt ganz weit hinten bei den Hirten. Fremde Leute machen ihn nervös. Wenn es ihm zu viel wird, dürfte er auch gehen. Er bleibt aber.

Jetzt erscheinen die Engel auf der Bühne. Sina hat einen schwierigen Text: «Ehre sei Gott in den Höhen und Friede auf Erden, den Menschen ein Wohlgefallen.»

Das ist nicht so kompliziert, wie es tönt. Lorenz hat gelernt, was das heisst: Gott hat alle Leute gerne. Auch Lorenz und alle, die er kennt. Das findet Lorenz gut.

Nicole spielt bei den Engeln mit. Sie ist blind. Darum geht sie neben Mike. Er führt sie bis zum kleinen Teppich auf der Bühne. Dann weiss Nicole, dass sie am richtigen Ort steht und sie sagt mit kräftiger Stimme: «Hirten, es ist ein Kind geboren! Lauft zum Stall und sucht es!»

Die drei Könige treten auf. Admir spielt den König im grünen Mantel. Der König mit dem blauen Kostüm ist Nick. Er sitzt im Rollstuhl und kann sich alleine nicht gut bewegen. Admir hilft ihm und schiebt den Rollstuhl. Tonja spielt eine Königin in einem pinkfarbenen Prinzessinnenkleid. Alle drei haben sie Päckchen in den Händen. Langsam und majestätisch folgen sie Nina. Nina trägt einen grossen Stern aus Goldpapier. Sie sagt: «Ich zeige euch, wo das Jesuskind ist.»

Clarissa, eine von den Kleinen, schreit ein bisschen. Das tut sie oft.

Dann fährt Silvan, ein Schüler der Abschlussklasse, mit seinem Rollstuhl zum Keyboard und spielt das Lied vom Stern. Silvans Mama muss weinen.

Lorenz und Loredana sind nun bei der Krippe. Loredana darf sitzen. Als Maria hält sie eine Puppe im Arm. Das ist das Jesuskind. Loredana freut sich sehr und wird die Puppe nicht mehr loslassen. Alle Engel sind um sie herum versammelt.

Die Hirten kommen und bringen ein Schaffell. Lorenz sagt in der Rolle des Josef laut und deutlich: «Danke.»

Dann sind die Könige an der Reihe. Nina geht mit dem Stern voran und sagt: «Die Könige sind da! Sie bringen Geschenke!» Admir schenkt sein Päckchen und das von Nick. Tonjas Päckchen ist in Prinzessin-Lillifee-Papier eingepackt.

«Danke», sagt Lorenz erneut.

Nun singen alle Leute gemeinsam «Stille Nacht». Das tönt so schön, dass einige der Erwachsenen ein Taschentuch brauchen. Sicher, weil sie sich freuen.

Nachdem alles fertig ist, sagt Mama zu Lorenz: «Das war das schönste Krippenspiel, das ich je gesehen habe!»

Papa doppelt nach: «Jetzt habe ich wirklich verstanden, was Weihnachten bedeutet!»

Und Tata findet: «Weihnachten ist schön. Du hast recht, dass du das ganze Jahr hindurch Weihnachtslieder singst.»

Lorenz umarmt Tata. Sie fahren nach Hause. Überall leuchten die vielen hellen Lichter. Am Himmel funkeln die Sterne. Morgen ist nochmals Weihnachten. Diesmal im Dorf.

Lorenz summt: «Das isch der Stern vo Betlehem. Machand eu uf und folgand dem ...»

DANIEL ZINDEL

Die Panne an Heiligabend

ICH HATTE DAMALS im Dezember viel zu viel gearbeitet. Nun hatte ich es geschafft, die Zeit über Weihnachten und die Neujahrstage ganz freizuhalten. Strahlend kam ich am 24. Dezember schon um 15 Uhr aus meinem Büro: «Komm, wir reisen doch schon heute Abend ab», sagte ich zu meiner Frau. «Wollen wir nicht morgen früh fahren? Es könnte schneien.» – «Ach was», tat ich ihren Einwand ab. «Im Unterland regnet es bestimmt. Deine Eltern werden sich freuen, wenn wir schon an Heiligabend kommen.» Ich wollte meiner Frau eine Freude machen – ehrlich!

Wir fuhren. Als wir im Tal die Autobahnauffahrt nahmen, fielen die ersten Schneeflocken. Eine Stunde später war die Fahrbahn stark verschneit. «Ich habe dir ja gesagt, dass es schneien wird», sagte meine Frau gereizt. Ich wusste, dass sie einfach nur nervös und besorgt war. Warum müssen wir Bergler Traktoren aus Graubünden immer so differenzierte Unterländerlimousinen ehelichen?

Ich schwieg und schaltete das Radio an. Die Staumeldungen wegen diverser Unfälle trugen nicht zur Beruhigung meiner Frau bei. Zu ihrer Angst gesellte sich jetzt der Ärger. Wenn sie ärgerlich wird, zeigt sich bei ihr eine reizende Stirnfalte.

Ich genoss die Fahrt im Schnee. Bis unser drei Monate altes Baby zu schreien begann. Stillen und Wickeln auf dem Pannenstreifen bei immer stärker werdendem Schneetreiben – meine Frau begann trotz winterlicher Temperaturen zu kochen. Ich blieb äusserlich cool, fühlte mich innerlich aber schlecht und schuldig – dabei wollte ich ihr doch über die Weihnachtstage das zurückgeben, was sie in den letzten Wochen entbehrt hatte.

Wir fuhren weiter und dann passierte es: Die Stromversorgung unseres Wagens brach zusammen. Man erkläre seiner Frau – wir waren damals noch nicht im Handyzeitalter angekommen –, dass wir jetzt die Autobahn zu Fuss verlassen müssen, um irgendwo ein Restaurant zu suchen und von dort telefonisch einen Pannendienst zu organisieren.

«Du meinst, ich werde Heiligabend in irgendeiner verrauchten Beiz verbringen, während du das Auto wieder flott machst?» – «Wir haben keine andere Wahl», sagte ich, «das wird schon gut.» Ungefähr so muss Josef seine Frau vertröstet haben, als sie zum x-ten Mal keine Herberge fanden und ihr Quartier im Stall beziehen mussten.

Zum Glück lag die Autobahnraststätte so nah. Und dann war es genau so, wie meine Frau befürchtet hatte: Im Raum war dicker Qualm. Durch den Dunstschleier sahen wir lauter Männer, auf ihrer Transitfahrt am Heiligabend gestrandete Fernfahrer. Deutsche, Türken, Italiener, Franzosen.

Ich telefonierte mit dem Abschleppdienst, verbrachte eine gute Stunde in einer Werkstatt, um dann den Bescheid zu erhalten, dass das Auto jetzt doch nicht repariert werden könne. Ich solle am nächsten Tag wieder kommen. Ich beneidete Josef, der seinen schlappen Esel mit einer Portion Hafer im Handumdrehen wieder auf Trab bringen konnte.

In bedrückter Stimmung näherte ich mich wieder dem Restaurant. Aus der Musikbox tönte ein italienischer Schlager. Die Luft war erstaunlich frisch. Geraucht wurde nicht mehr. Im Mittelpunkt des Geschehens sah ich unsere dreimonatige Tochter. Hellwach schickte sie ihr Lächeln verschwenderisch nach allen Seiten hin. Die Fahrer verrenkten sich, lächelten, machten Faxen, um sie immer wieder erneut zum Lächeln zu bringen. Welche Wirkung von diesem zarten, schutzlosen Kind ausging!

Ähnlich mussten die Hirten, die aus der Kälte und Dunkelheit der Nacht kamen, vom göttlichen Kind berührt gewesen sein. Das Zarte berührt unser Herz. Das Reine weckt unsere Sehnsucht. «Und Friede auf Erden.» Das göttliche Kind führt uns aus Schmutz und Streit in den Frieden, der uns nur vom Himmel geschenkt werden kann. Christus führt uns nach Hause. Ich werde diese Weihnachtsszene mein Leben lang nicht mehr vergessen.

Vielleicht war es auch ein wenig die junge Mutter, der in der wilden Männerrunde offensichtlich der Hof gemacht wurde. An diesem Heiligabend war die junge Frau für diese Fernfahrer ohne Familie die ferne Geliebte, die vermisste Mama, Schwester oder Tochter in einem. Als ich eintrat, gab mir meine Frau zu verstehen, dass sie es sichtlich in dieser Männerrunde genoss.

«Dein Vater wird uns in einer halben Stunde abholen», sagte ich. Das klang doch besser, als dass wir unseren Wagen erst am nächsten Tag abholen konnten!

Sie schenkte mir den Anflug eines Lächelns.

Zwar nur in homöopathischer Dosierung. Aber immerhin.

FADRINA HOFMANN

TUOT IL SPECTACUL

Das ganze Spektakel

VIER UHR. NOCH drei Stunden, dann beginnt das ganze Spektakel wieder. Mama wird nahezu jede Wand und jede freie Ablage mit Weihnachtssachen dekoriert haben: Glitzerkugeln, Lametta, Kränze und Kerzen überall. Jedes Jahr muss man dankbar sein, dass das Haus nicht abfackelt. Beim Baum übertreibt sie auch immer. Je grösser, desto besser, scheint ihre Devise zu sein. Und dann wird sie wieder für ein halbes Heer gekocht haben. Jedes Jahr hätte ich schon nach dem zweiten Gang genug, und dann kommen aber noch der dritte und vierte, und zum Abschluss Weihnachtsplätzchen mit Grappa. Ich werde diese Nacht wieder nicht schlafen können. Papa wird die Bibel auspacken, die er von seinem Vater geerbt hat und die den Rest des Jahres verstaubt. Zum tausendsten Mal werden wir die Weihnachtsgeschichte hören müssen, bevor die Kinder meiner Geschwister – die sich vorher den ganzen Abend gezankt haben werden – sich auf die Geschenke unter dem Weihnachtsbaum stürzen dürfen. Mama wird wie jedes Jahr enttäuscht sein, dass niemand mehr mit ihr

Weihnachtslieder singen will. Und Tante Berta wird zu diesem Zeitpunkt schon so viel Wein und Grappa getrunken haben, dass sie bei jeder Bemerkung wie ein Huhn gackert.

Ich blicke auf die Geschenke für meine Familie, die ich im Gang bereitgestellt habe. Eine richtige Pyramide. Was für eine Verschwendung. Wahrscheinlich kann ich trotzdem wieder nicht alle Wünsche befriedigen. Meinetwegen könnten meine Geschwister eine Wunschliste machen, genauso wie ihre Kinder. Dann könnten wir uns leere Danksagungen und lange Gesichter sparen.

Also, dann wollen wir mal: Ich öffne den Schrank und krame ein elegantes Kleid hervor. Mama legt grossen Wert darauf, dass ich am Weihnachtsabend nicht nur in Jeans komme, dabei sind wir doch unter uns, nur die Familie. Eine grosse Familie, uff. Mir graut jetzt schon davor. Am liebsten hätte ich Sara nach Bali begleitet. Am Strand unter Palmen liegen, lesen, Cocktails schlürfen, ab und zu mit einem Surfer flirten. Was für ein schöner Gedanke! Aber das würde mir Mama niemals verzeihen. «Es ist doch das Fest der Familie, das Fest der Liebe», sagt sie jedes Jahr, wenn ich versuche, der Fress- und Schenkorgie zu entkommen. Bis jetzt habe ich es noch nicht gewagt, mich einfach aus dem Staub zu machen.

Mein Smartphone vibriert. Eine Nachricht. Eine unbekannte Nummer. «Sorry, ich schaffe es doch nicht, vorbeizukommen. Das Geschenk für den Kleinen schicke ich per Post. Er wird heute sowieso genug auszu-

packen haben. Gib meinem Sohn einen Kuss von mir. Daniel»

Hm.

Was mache ich jetzt? Wenn die angeschriebene Person diese Nachricht nicht erhält, wartet «der Kleine» vergeblich auf seinen Vater. Und wenn ich diesem Idioten zurückschreibe, dass er die Nachricht versehentlich an mich geschickt hat, dann schickt er sie an die richtige Person. So oder so wird das Kind einen traurigen Weihnachtsabend haben.

«Lieber Daniel. Ich bin überzeugt, dass du die Augen deines Jungen zum Strahlen bringen wirst. Denn du wirst heute dort vorbeigehen. Du liebst deinen Sohn nämlich, und er liebt dich. Du weisst ja eigentlich auch, dass dein Sohn das einzig Wichtige an diesem Weihnachtsabend ist. Danke, dass du ein so guter Vater bist. Der Weihnachtsengel.»

Gesendet.

Warum hast du das getan, du doofe Nuss. Du bist schliesslich nicht Mutter Theresa. Ich schimpfe mit meinem Spiegelbild. Die Strumpfhose ist etwas eng, ich zerre daran wie verrückt. Dann gehe ich zum Nachttisch und nehme Omas Schmuck hervor. Noch nie habe ich ihn getragen. Mama wird Freude haben.

Dieser Junge lässt mir keine Ruhe. Ich blicke auf das Smartphone. Keine Antwort. Dann denke ich an meine grosse, laute, anstrengende Familie – eine Familie, die zusammenhält. Mein Vater hätte uns nie alleine Weihnachten feiern lassen. Mama gibt sich immer so grosse Mühe, «das Fest der Familie» zu zelebrieren, «das Fest der Liebe» … Ich schäme mich ein wenig für meine Gedanken von vorhin. Und auch für mein Verhalten in den vergangenen Jahren, in denen ich das Weihnachtsfest regelrecht ertragen habe, um dann so schnell wie möglich wieder in mein geordnetes und ruhiges Leben zu verschwinden.

Jetzt noch etwas Schminke. Meine Schwester wird der Schlag treffen, wenn sie mich so schick sieht. Mantel, Autoschlüssel und die Geschenkepyramide in Angriff nehmen. Die ganzen Sachen müssen in meinen kleinen Fiat gestopft werden. Ich beschliesse: Diesen Abend freue ich mich auf die Dekoration, auf das Festessen, auf das Lachen und Schwatzen meiner Geschwister, auf die leuchtenden Augen ihrer Kinder, auf die Weihnachtsgeschichte von Papa. Ich freue mich sogar ein wenig auf Tante Berta …

Mitternacht. Mein Kopf ist schwer von Wein und Grappa. Auf der Kommode steht meine Geschenkereihe: Bücher, Gutscheine, Basteleien von den Kindern, ein Schal. Die Strumpfhose habe ich angelassen, als ich ins Bett ging, die Schminke wasche ich erst morgen ab. Meine Tasche vibriert. Eine Nachricht.

Vorsichtig stehe ich auf. Der Magen grummelt, der Kopf schmerzt. Ich hole mein Handy aus der Tasche. Die unbekannte Nummer. Ein Foto. Ein Mann, der auf dem Schoss einen etwa dreijährigen Junge hält, der wiederum einen Teddy im Arm hält, der beinahe so gross wie er selbst ist. Der Kleine strahlt vor Freude. Der Mann auch.

«Danke, Weihnachtsengel», steht unter dem Foto.

FADRINA HOFMANN

DAS GANZE SPEKTAKEL

Tuot il spectacul

ID ES LAS QUATTER. Amo trais uras, lura cumainza darcheu quist spectacul. Mamma varà decorà circa mincha paraid e miss sün mincha cumoda roba da Nadal: cullas glüschaintas, lametta, cranzins e chandailas dapertuot. I's po esser minch'on cuntaint schi nun arda giò la chasa.Cul bös-chin exagereschna eir mincha jada. Plü grond e meglder chi'd es, para dad esser lur devisa. E lura varà'la cuschinà darcheu per ün battagliun inter. Minch'on as vessa fingià avuonda davo il seguond plat e lura vain pro amo ün terz ed ün quart, ün desert e l'ultim daja eir amo grassins cun grappa. Eu nu durmirà darcheu nüglia quista not. Bap paquettarà oura la Bibla ch'el ha iertà da seis bap e chi'd es be puolvra il rest da l'on. Pella millavla jada varana da tadlar l'istorgia da Nadal avant cha'ls uffants da meis fradgliuns – chi avant as varan zaclignats tuotta saira – pon as büttar süls paquets suot il bös-chin. Mamma sarà sco mincha jada dischillusa cha ningün nu less plü chantar chanzuns da Nadal e tanta Berta varà bavü in quel mumaint fingià talmaing grappa e vin ch'ella riarà per mincha remarcha sco üna pigliatta.

Our in corridor duna ün sguard süls paquets ch'eu n'ha fat per meis confamigliars. Üna piramida intera. Che sguazzöz. Plücofacil nu riva darcheu na da cuntantar tuot ils desideris. Tenor mai pudessan eir meis fradgliuns far üna glista da giavüschs sco lur uffants, lura ans pudessna spargnar ingrazchamaints vöds e vistas lungas.

Lascha'm rivir la s-chaffa e tour oura ün pa büschmainta plü eleganta. Per mamma esa fich important ch'eu nu tira aint jeans la saira da Nadal, eir scha no eschan be tanter da no. Üna gronda famiglia, uf. Eu n'ha fingià uossa il sgrisch. Il plü jent vessa accumpagnà a Sara a Bali. Star al mar suot las palmas, leger, baiver cocktails, minchatant flirtar cun ün surfader. Che bels impissamaints! Mamma nu'm perduness mai alch simil. «Quai es tantüna la festa da la famiglia, la festa da l'amur», disch'la minch'on cur ch'eu prouv da schmütschir a quist'orgia da mangiar e regalar. Fin uossa nun haja amo propi ris-chà da'm far our da la puolvra.

Meis smartphone vibrescha. Ün messagi. Ün nomer incuntschaint. «Sorry, nu riv listess na da gnir a dir chau. Il regal pel pitschen trametta culla posta. El varà inamöd avuonda da paquettar oura hoz. Dast ün bütsch a meis figl da mai. Daniel»

Hm.

Che dessa uossa far cun quista infuormaziun? Scha la persuna adressada nu survain la novità spetta «il pitschen» per nüglia a seis bap. E sch'eu scriv inavo a quist idiot chi lascha da la vart a seis figl, lura trametta'l il messadi a la dretta persuna ed ün uffant varà ün trist Nadal..

«Char Daniel. Eu sun persvasa cha tü rivast listess amo da far straglüschir ils ögls dal pitschen cun ir a far üna visita ad el. Tü hast nempe sgüra jent a teis mat ed el a tai. Tü sast bain eir cha teis figl es vairamaing l'unic chi'd es important la saira da Nadal. Grazcha cha tü est uschè ün bun bap. L'anguelin.»

Tramiss.

Perche hast fat quai, tü cucca! Tü nun est mamma Teresa. Eu blastem aint pel spejel. Las stinvettas sun ün pa strettas ed eu stir sco üna narra. Lura vegna pro'l maisin da not e pigl oura il clinöz da nona. Amo mai nu til n'haja dovrà. Mamma varà plaschair.

Quist mat nu'm lascha in pos. Eu guard sül smartphone. Ingüna resposta. Lura pensa a mia famiglia gronda, chi fa jent üna canera, stantusa – üna famiglia chi tegna insembel sco la rascha. Meis bap nu vess mai laschà festagiar a no sulets Nadal. Mamma as dà adüna tanta fadia da celebrar la «festa da la famiglia», «la festa da l'amur»… Eu am svarguogn ün zich da meis impissamaints d'avant. Ed eir da meis deport i'ls ultims ons. Adüna supportaiva la festa da Nadal be per pudair svanir davopro uschè svelt co pussibel darcheu in mia vita structurada e quieta.

Uossa amo ün zich bellet. Mia sour tschüffarà ün cuolp sch'ella am vezza talmaing schicca. Mantel, clav da l'auto e dar l'attacha a la piramida da regals per rablar tuots aint in meis Fiatin. Eu decid: Quista saira m'allegra da pudair admirar la decoraziun, pella tschainada, il rier e bajaffar da meis fradgliuns, ils ögls glüschaints da lur uffants, l'istorgia da Nadal da bap. Eu m'allegr dafatta ün zich da verer a tanta Berta …

Mezzanot. Meis cheu paisa dal vin e da la grappa. Sün curuna n'haja miss in lingia meis regals: cudeschs, buns, zambriöz dals uffants, ün schal. Las stinvettas n'haja laschà aint per ir in let, il bellet pulischa giò pür daman. Mia tas-cha vibrescha. Ün messagi.

Eu stun sü tuot precauta perquai cha meis vainter barbuoglia e'l cheu am fa mal. Eu pigl meis telefonin our da la tas-cha. Il nomer incuntschaint. Üna fotografia. Ün hom chi tegna sün bratsch ad ün mattin da var trais ons e quel tegna sün bratsch ün teddy chi'd es bod uschè grond sco el svessa. Il pitschen glüscha sco ün pairin dal plaschair. L'hom eir.

«Grazcha, anguelin», esa scrit suot la fotografia.

RAHEL MARUGG

Des Königs Stimme

WIEDER WAR DAS schlechte Gewissen da. Eigentlich spürte sie es immer. Doch manchmal zog es sich etwas in eine Ecke zurück. Aber in der Weihnachtszeit war es immer besonders schlimm.

Sie hatte ihren Kindern – und sich selbst – das geordnete, vertraute Daheim weggenommen. Sie selbst hatte sich dieses Haus so sehr gewünscht und hatte sehr viel Energie in das Projekt investiert. Als die Pläne endlich standen, die Bewilligung eingegangen war und die Baumaschinen auffuhren, war sie glücklich und voller Tatendrang.

Sie wollte den Kindern das geben, was sie selbst so sehnlichst vermisst hatte: Ein Haus voller Liebe und Geborgenheit, voller Vertrauen und Kraft, ein Daheim, ein Ort, an den alle immer wieder gern zurückkehren würden.

Aber bereits kurz nach dem Einzug ins neue Heim wuchsen Zweifel in ihr. Sie und ihr Mann hatten trotz grosser Unterstützung von Freunden und Verwandten für den Bau sehr viel Kraft gebraucht. Sie waren eingezogen, obwohl ganz viele Kleinigkeiten noch nicht fertig waren oder des Geldes wegen warten mussten.

Ihr Mann und sie hatten sich während der Bauzeit auseinandergelebt. Ständiges Müssen, berufliche Abwesenheiten, das Treffen von Entscheidungen – für beide wurde die tägliche Herausforderung irgendwann zu viel. Unfrieden herrschte, böse Worte gingen hin und her. Reden konnten sie schon lange nicht mehr miteinander. Zärtlichkeiten und Vertraulichkeit fehlten gänzlich.

Seit dem Einzug waren zwei Jahre vergangen, und das Haus hatte die grossen Hoffnungen nicht erfüllen können. Keine Rede also von Geborgenheit und Liebe und all dem anderen Quatsch!

Schliesslich war sie es gewesen, die frustriert das Feld geräumt hatte. Sie hatte total versagt, sich selbst etwas vorgemacht, sah keinen anderen Weg, als wegzugehen.

Die Kinder kamen dann jedes zweite Wochenende zu ihr in die kleine Wohnung. Und jeweils donnerstags ging sie in das Traumhaus. Putzte und wusch. Kochte für Anna, die jüngere Tochter, das Mittagessen. War da, wenn beide Töchter nachmittags von der Schule kamen. Und verliess das Haus wieder, kaum dass der Vater der Kinder abends heimgekommen war.

Anna hatte heftig auf die Veränderungen, auf den Verlust der Familienstruktur reagiert. Offenbar übernahm sie die Taktik der Erwachsenen, nicht über die neue Situation zu sprechen. Sie sprach nämlich fast nicht mehr. Im Kreis der Familie sprach sie, nicht jedoch auf der Strasse, im Laden, in der Schule. Kurz: Sie sprach kaum noch mit Menschen, die nicht zur engeren Familie gehörten. Im Dorf wusste man mittlerweile, dass das Kind halt etwas verstört sei. Na ja, die Mutter habe die Familie verlassen, das sei halt schon schlimm.

In der Schule beteiligte sie sich am Unterricht, indem sie ihre Antworten aufschrieb oder ihrer Banknachbarin zuflüsterte, die dann als Sprachrohr fungierte. Das funktionierte gut, und die Lehrerin akzeptierte dieses Vorgehen.

Nach eineinhalb Schuljahren gab es einen Wechsel. Es kam eine neue Lehrerin. Das Mädchen fasste einen Entschluss und besprach ihn mit der Mutter: Anna wollte bei der neuen Lehrerin versuchen, wieder zu sprechen.

Die Lehrerin war jung und unerschrocken. Die Mutter suchte sie vor Schulbeginn auf und erklärte ihr die Situation. Das sei bestimmt kein Problem, sagte daraufhin die Lehrerin und machte nicht mehr Aufhebens davon.

Seither waren gut drei Monate vergangen und die Weihnachtszeit war da. Die Schülerinnen und Schüler der Primarschule wollten wie jedes Jahr mit der Lehrerin und dem Lehrer in der Kirche ein Weihnachtsspiel aufführen. Die letzten zwei Jahre hatte Anna ein stummes Schaf oder einen dummen Esel gespielt. Bei beiden Rollen musste sie nicht sprechen.

Nun war es ganz anders. Flavia, die grosse Schwester, war an einem Tag wütend nach Hause gekommen und hatte empört ausgerufen: «Stell dir vor Mama, Anna hat die Rolle eines Königs ausgewählt! Die dumme

Kuh! Ich will mich nicht blamieren mit ihr, wenn sie dann vorne steht und doch nichts sagt! Der König ist eine der Hauptrollen!»

Natürlich fuhr auch ihr der Schreck in die Knochen, oder eher ins Herz. «Was ist, wenn es Anna wieder nicht gelingt, laut zu sprechen?», fragte sich die von schlechtem Gewissen geplagte Mutter. Als sie Anna auf das Vorhaben ansprach, gab sie zur Antwort: «Mama, ich bin der schwarze König Kaspar. Es wird mich niemand erkennen, weil ich schwarz-braun geschminkt sein und einen goldenen Turban tragen werde. Ausserdem hat mir die Lehrerin gesagt, ich solle mir einfach vorstellen, die Leute in der Kirche seien lauter Kohlköpfe. Und denen sei es egal, ob ich spreche oder nicht, Ohren hätten die nämlich keine!» Sie strahlte eine solche Freude und Zuversicht aus, dass die Mutter beinahe lachen musste.

Aber schon am anderen Tag packten sie wieder Zweifel. Sollte sie nicht nochmals mit der Lehrerin sprechen und dafür einstehen, dass Anna eine unbedeutendere Rolle spielen könnte? Andererseits war dies Annas Entscheidung und nicht ihre. Das musste sie akzeptieren, genauso wie die Kinder ihre Entscheidung wegzugehen zu akzeptieren hatten. Dieser Gedanke war gute Nahrung für ihr schlechtes Gewissen.

Und doch: die Entschlossenheit ihrer Tochter machte ihr Mut. Alles war gewiss nicht schiefgelaufen. Und erst recht nicht, nur weil sie die Familie verlassen hatte.

Übermorgen würde sie ins Dorf gehen und das Weihnachtsspiel in der Kirche besuchen. Zusammen mit ihrem Mann, von dem sie noch immer nicht geschieden war. Die Leute würden die Augen aufreissen und mit ihren dummen Bemerkungen nicht sparen. Es graute ihr davor. Das Weihnachtsspiel war ihr jedoch wichtig und lieb. Schliesslich war es das letzte Mal, dass Flavia mitspielte, und das erste Mal, dass Anna eine Hauptrolle hatte.

Und ausserdem war Weihnachten! Das kleine Kind in der Krippe war Hoffnungssymbol für alle. Vor allem für die Gestrauchelten. Für diejenigen, die versagt hatten.

Nun ist er da, der Moment. Heiligabend. Weihnachtsfeier in der Kirche. Die Leute vom Dorf. Die Angst. Die Vorfreude. Das schlechte Gewissen. Und die grosse Sehnsucht nach der perfekten Familie ist stärker denn je zuvor. Der Wunsch nach Geborgenheit, nach Liebe, nach Vertrauen, nach Sicherheit, nach einem Nest.

Sie sitzen nebeneinander im vorderen Teil der Kirche. Sie spürt die bohrenden Blicke im Rücken, das hämische Grinsen von Nachbarn und ehemaligen vermeintlichen Freunden. Zum Glück beginnt die Organistin mit dem ersten Lied, und das Singen entspannt sie etwas.

Der Pfarrer leitet das Weihnachtsspiel der Kinder ein, und dann geht es los. Maria und Josef sind allein unterwegs und finden schliesslich einen Platz zum Schlafen in einem einfachen Stall. Der helle Stern leuchtet, getragen von einem wunderschönen, singenden Engel. Flavia hatte nicht erzählt, dass sie allein singen würde! Die Mutter ist zu Tränen gerührt, als sie diese Stimme hört. Wieder spürt sie Blicke …

Die Hirten finden den Weg zum Stall, und schliesslich auch die Könige. Der König Kaspar tritt vor und spricht mit kräftiger, klarer Stimme. Welche Freude für die Eltern! Mit Tränen in den Augen lauschen sie der Stimme ihrer Tochter und ihre Hände finden sich. Ein zärtlicher Druck, und sie verbleiben so in alter Selbstverständlichkeit. Das Herz scheint vor Freude zu zerspringen. Die Musik rauscht in ihren Ohren. Und von fern hört sie beim Verlassen der Kirche das erwartete Getuschel: «Wer war dieser König Kaspar? Kennst du diese Stimme? Welches Kind hat eine solch schöne und klare Aussprache?»

Sie strahlt und lässt sich nicht mehr verunsichern durch die Blicke der anderen. Mit geradem Rücken verlässt sie zusammen mit ihrer Familie die Kirche. Und sie weiss: Es ist alles gut. Es ist Weihnachten. Endlich ist es auch in ihrem Herzen Weihnachten geworden.

Das Kind in der Krippe hat wie jedes Jahr seine frohe Botschaft in die Welt gesandt. Und sie ist angekommen. Friede den Menschen auf Erden!

STEFAN NIGGLI

Sie braucht doch keine Kerze

ER STAND DRAUSSEN vor der Tür. Vor der Kirchentür. Im Dunkeln. Allein in der Winterkälte. Schneegestöber wirbelte um seine Ohren.

Er stand vor verschlossener Tür. Alle andern Schulkinder waren im Kirchenraum versammelt mit ihren Eltern, den Geschwistern, ihren Lehrern, mit allen, fast allen Dorfleuten. Es war Heiligabend, Weihnachtsabend, Schulweihnachtsabend. Jeder suchte einen Platz in der Kirche. Am schönsten Fest im Kirchenjahr.

Er allein verharrte vor verschlossener Tür. Er lauschte. Nur wenig von drinnen drang zu ihm hinaus: «... denn in der Herberge war kein Platz für sie ... fürchtet euch nicht ... grosse Freude ...» Und dann: «Friede auf Erden ...» Er kannte sie ja ganz genau, diese Weihnachtsgeschichte. Er hatte sie bisher jedes Jahr am Heiligabend gehört. Heute aber war sie nicht für ihn bestimmt. Für alle andern, aber eben nicht für ihn, den Dieb.

Nun folgten die Weihnachtslieder der Schulklassen, eins nach dem andern, von der Unterstufe bis zu den

Grossen. Auch diese Lieder kannte er alle. Aber er hätte sie ja ohnehin nicht mitsingen können, denn er war ein schlechter, ein störender Sänger. Er stand am Rand im Schülerchor, immer am Rand. Er wohnte auch am Rand, am Dorfrand. Und dann, auch darauf hatte er gewartet, intonierte die Orgel die Melodie des Chorals: «Die heiligste der Nächte bricht nun auf stiller Bahn dem menschlichen Geschlechte zum frohen Jubel an.» Es war das Weihnachtslied, das erst so recht Weihnachten wahr machte. Es durfte nie fehlen am Heiligabend, auf keinen Fall. Der Silberklang der kleinen Orgel auf hoher Empore wurde fast zugedeckt, überwältigt vom brausenden, mehrstimmigen Gesang, der sich in schwergewichtigen, gedehnten Tonschritten vom Bass auf der Männerseite bis zum «frohen Jubel» auf der Frauenseite steigerte.

Alle sangen mit. Alle kannten den Text auswendig, auch er. Wenigstens die erste Strophe, die aber sicher. Die zweite war für ihn zu schwierig gewesen, auswendig zu lernen. Er hatte den Sinn nie recht verstanden: «Der Heiland ist geboren, den Gottes Vaterhuld von Ewigkeit erkoren zum Tilger aller Schuld.» Immer stolperte er an dieser Stelle. Was soll denn «Tilger» bedeuten? Und «erkoren»?

Schuld, schuldig sein, ja, das wurde ihm nun schmerzlich bewusst, allein draussen im Dunkel, in der Kälte. Er fühlte sich schuldig. Er schämte sich. Aber der «Tilger aller Schuld», musste der nicht etwas mit Weihnachten zu tun haben? Auch bei der vierten Strophe horchte er ganz genau hin, viel genauer als beim mühsamen Auswendiglernen: «Er kommt, damit die Erde, vom Fluch der Sünde frei, ein Haus des Segens werde, ein Ort des Friedens sei.» Ja, ein Ort des Friedens! Aber es war Krieg, immer noch. Der vierte Kriegswinter schon. Kein Ende in Sicht. Da konnte es noch oftmals Weihnachten werden.

Länger als eine Stunde hatte er so vor der Kirchentür verharrt. Aber er wusste, nach dem «O du fröhliche» schloss die Feier mit dem Orgelspiel. Also besser, wenn er sich davonmachte, bevor die Türflügel sich öffneten.

Er war auf den Heimweg, im Dunkeln, im Schneegestöber. Dann blieb er doch wieder stehen, versteckt, geschützt. Er blickte zurück. Zuerst kamen die Kinder heraus, glücklich, strahlend, rotbackig, schön aufgereiht, jedes mit seinem kleinen Geschenk: mit Farbstiften, einem neuen Taschenmesser. Dann die Erwachsenen. Diese plauderten miteinander, lobten die Kinderchöre, kritisierten einzelne Lehrer, nichts war ihnen entgangen. Auch dass wieder einmal die oder jene die besten Plätze vorn besetzt hatten. Das Wichtigste aber, das Allerwichtigste, die Weihnachtsbotschaft, die hatten sie in der Kirche liegen gelassen, vergessen.

Sie merkten es gar nicht. Nein, wirklich nicht. Sonst hätten sie doch nicht so hart geurteilt über ihn, den Ausgeschlossenen. Er sei ein Dieb. Das hatte auch der Schulratspräsident gesagt. «Aber ...», wollte der Lehrer einwenden. «Da gibt es kein Aber! Strafe muss sein. Der soll nicht dabei sein an dieser Weihnachtsfeier! Sagen Sie es ihm! Er soll spüren, was er angestellt hat.»

Am Dorfrand stand sein Elternhaus, allein, abseits. Er trat ein ins kalte Treppenhaus. Es roch modrig dort, feucht wie immer. Er trat in die Stube. Wie gewohnt sass seine Mutter auf der Ofenbank, allein, im Dunkeln. Nicht einmal eine Kerze leuchtete am Heiligabend in dieser Stube. Wozu auch?

«Bist du es? Auf dem Herd findest du warme Suppe. Du hast sicher kalt, armer Bub. Lass etwas davon übrig für den Vater.» Der kam immer spät nach Hause. Erst nachdem der Wirt abgeräumt, die Stühle auf den Tisch gestellt, dann ein Licht nach dem andern gelöscht hatte, verzogen sich die letzten Gäste – immer die gleichen. Ja, immer genau die gleichen.

Die Mutter blieb auf der Ofenbank sitzen, sie wartete in der dunklen Stube. Er verzog sich rasch in seine Kammer. Dem Vater wollte er heute nicht begegnen, heute auf keinen Fall. Der wusste bestimmt schon alles. «Ich will mit ihm reden», versuchte die Mutter ihn noch zu trösten. Diesen Beistand nahm er mit in seine Kammer. Wenigstens das ein ganz klein wenig Weihnachten.

Wusste er es wirklich schon, der Vater? Zweifellos. Alle wussten es im Dorf, alle sprachen darüber. Gestohlen hatte dieser Lümmel. Im Dorfladen. Und das so kurz vor Heiligabend.

Weil seine Mutter das Haus selten, fast nie verliess, nicht verlassen konnte, besorgte er die alltäglichen Botengänge. Er machte das gern. Im Laden roch es so gut nach frisch gebackenem Brot. Eine kleine Waage stand auf dem Ladentisch. Hinten reihten sich die Gestelle. Die Auslage war bescheiden. Sie beschränkte sich auf das Gebräuchliche, das Alltägliche im Haushalt, auf das, was man kaufen konnte, soweit die Rationierungsmarken ausreichten. Kurz vor Weihnachten war es aber doch anders. Die kleine Waage war beiseitegeschoben. Auf der Tischfläche glitzerte und funkelte es. Eine Schokoladentafel mit dem Bild des Christkinds im Schlitten, lächelnd, in Pelze gehüllt, eine rote Kerze darauf, ein silbernes Halskettlein, alles unter einer Schutzfolie. Das fiel ihm besonders auf. Es war zwecklos, nach dem Preis zu fragen. Nein, lieber abwarten, bis die Ladenfrau das frische Brot aus der Backstube nebenan für ihn holte. Dann rasch zugreifen, Ordnung machen und das Diebesgut im Rucksack verstauen.

Doch die Enttäuschung war gross. Seine Angebetete, die Mitschülerin, die Grosse, die Reiche, die Bewunderte hatte das Silberkettlein barsch zurückgewiesen. «Von dir nehm ich doch keine Geschenke an, von dir sicher nicht!» Die anderen Mädchen stimmten zu, kicherten, spotteten. Nichts hätten sie von ihm angenommen, obwohl Schokolade in dieser Kriegszeit ein so seltenes, begehrtes Geschenk gewesen wäre.

Zwei Jahre waren seither verstrichen. Die Mutter sass nicht mehr auf der Ofenbank. Sie wartete nicht mehr im Dunkeln. Am Weihnachtsabend dachte er still und dankbar an sie zurück. Sie hatte zu ihm gestanden, sie als Einzige. Sie hätte die Weihnachtsbotschaft nicht in der Kirche liegen gelassen. Sie war für ihn Weihnachten.

«Soll ich die rote Kerze von damals auf ihr Grab stellen, aus Dankbarkeit, aus Liebe?» Er sann lange, lange nach.

«Eine gestohlene Kerze?

Nein.

Sie braucht doch keine Kerze.

Sie bestimmt nicht.

Sie war doch so viele Jahre blind gewesen.»

LUZI BATTAGLIA-SIGRIST

SIGNUR EGGER
Herr Egger

ICH WAR IMMER der Auffassung, dass ganz wesentlich zum Konfirmandenunterricht auch das Gemeinschaftserlebnis mit Singen, Beten, Spielen und konkreten Projekten dazugehört. So übten wir jedes Jahr auch ein paar traditionelle romanische Weihnachtslieder ein, die wir dann in der Adventszeit bei Alleinstehenden, Kranken und älteren Menschen in Trin sangen. So kam auch Herr Egger auf unsere Besucherliste. Nur als der Termin unseres Singens näher kam, wurde ich unsicher. Ich hatte eben einen Krankenbesuch bei Herrn Egger gemacht. Er war krank, schwer krank. Seit drei Monaten war er im Spital, die Diagnose: Krebs. Und nichts zu machen, Endstation. Er wollte nach Hause und zu Hause sterben. Das wollte er unbedingt.

Ich stand nun vor der Frage: Darf ich meiner Konfirmandengruppe einen Besuch bei einem sterbenden Menschen zumuten? Im Unterricht haben wir die Frage besprochen. Das Thema Sterben ging allen nahe. Ich habe gesagt, wenn jemand es sich nicht vorstellen könne, am Samstagabend zu kommen, ich könne das verstehen. Niemand muss. Aber alle wollten.

Abgesehen davon, dass niemand im Leben nur auf Erfolgserlebnisse abonniert ist, braucht der Mensch mehr zum Glück als Medaillen und Spitzenzeugnisse. Er braucht die Zuverlässigkeit liebevoller Beziehungen, auf die er auch dann setzen kann, wenn das Leben schwer wird oder wenn das Sterben sich anmeldet. Er braucht Raum, um innere Stärke zu entwickeln, die alle Fragen des Lebens zulassen. Das zu denken, hat mir Mut gemacht, am Adventssingen festzuhalten.

Ich habe mit Frau Egger telefoniert und mich erkundigt, wie es ihrem Mann gehe. «Nicht gut. Er ist kaum mehr ansprechbar», war ihre Antwort. «Aber ihr kommt schon heute Abend zum Singen?», fragte sie weiter. «Vielleicht hört er es noch, auch wenn er nicht mehr sprechen kann.» – «Wir kommen.» Herr und Frau Egger wohnten im Elternhaus von Frau Egger mitten im Dorfteil Trin Digg.

Die beiden Eheleute verband eine treue Lebens- und Arbeitsgemeinschaft. Sie hatten eben vor ein paar Monaten die goldene Hochzeit gefeiert. Er stammte aus dem Berner Oberland, sie war eine einheimische Trinserin. Wie viele andere hatte die junge Frau nach ihrer Konfirmation ins Unterland ziehen müssen, um eine Arbeitsstelle zu finden. Dort lernte sie auch ihren Emil kennen. Nach der Pensionierung beschloss das Ehepaar, nach Trin zu zügeln in der Hoffnung, hier noch einige ruhigere Jahre verbringen zu können. «Wenn sich im Winterhalbjahr im Mittelland eine dicke Nebeldecke ausbreitete, konnte man sich fast nicht vorstellen, dass man in Trin jetzt an der Sonne spazieren könnte.»

Nun zu unserem Singen. Die Dämmerung brach herein. Wir machten uns auf den Weg, einen ungewohnten Weg. Auf unser Läuten an der Haustüre öffnete Frau Egger die Türe. Vor uns die kleine, sichtlich von der Gicht niedergedrückte Frau. Den Kopf hielt sie gesenkt. Langsam hob sie den Kopf und schaute die Konfirmanden von schräg unten an. Neugierige Augen in einem schönen, klaren Gesicht. «Kommt nur herein», sagte sie. Wir traten in die Stube ein. Auf dem Tisch hatte die alte Frau eine Kerze angezündet. Wir stellten uns im Halbkreis vor der Türe zum Nebenzimmer auf, sodass wir den Kranken sehen konnten. Friedlich lag er da, keine Regung. In der Stube Stille wie in einem Kirchenraum. Mit meiner äusserst bescheidenen Gitarrenkunst stimmte ich das romanische Weihnachtslied an, das immer an der Trinser Schulweihnachtsfeier gesungen wird:

Auf dem Christbaum wunderbar
leuchten tausend Sterne.
Glocken klingen hell und klar
in die Höhe, Ferne.

Väter, Mütter, kommt heran!
Kinder, kommt doch alle!
In der Krippe, seht's euch an,
Jesus schläft im Stalle.

Auf dem Baume, welche Pracht.
Licht aus weiter Ferne.
Jesus bringt uns heute Nacht
hoch vom Himmel Sterne.

Während der dritten Strophe: Auf einmal öffnete der Schwerkranke die Augen. Ein kurzes Leuchten ging über sein Gesicht. Es war, als wenn er ohne Worte sagen würde: Ja, Weihnachten ist mir immer wichtig gewesen. Weihnachten sagt mir: Nicht die dunklen Ängste haben das letzte Wort über mein Leben.

Wir machten uns bald wieder auf den Heimweg. Frau Egger verabschiedete jeden und jede mit einem herzlichen Händedruck. Zu Hause setzten wir uns dann noch an den runden Tisch. Es gab einen Tee, wir knackten Nüsse. Es wurde nicht viel geredet. Ein Konfirmand meinte: «Einen Todkranken zu besuchen braucht schon etwas Mut. Ich weiss nicht, wie es euch geht? Ich sehe immer noch das Leuchten im Gesicht von Herrn Egger.» Eine Konfirmandin meinte: «Es ist wie in der Weihnachtsgeschichte, als der Engel zu den Hirten kam und sagte: ‹Frieden auf Erden›.»

Am Sonntagmorgen dann der Anruf. Herr Egger war soeben still und friedlich verstorben.

LUZI BATTAGLIA-SIGRIST

HERR EGGER

Signur Egger

JOU SUND ADIGNA sto digl meni c'evenimaints ad experientschas cuminevlas sco par exaimpel cantar, urar a projects concrets segian egna part impurtànta da l'instrucziùn da cunfirmànds. An que sen vainsa ear exerzito, sco mintg'on, antgegnas canzùns da Nadal tradiziunalas rumàntschas. Quellas cantavan nus igl tains d'Advent tier parsùnas ca vivevan suletas, parsùnas malzànas a parsùnas segls ons a Trin. Ascheia e ear igl signur Egger vagnieu sen nossa glista da visitas. Cur c'igl termin dad ir a cantar â s'avaschino, sund jou vagnieu ple a ple malsiir. Jou veva gest fatg egna visita tier igl signur Egger. El eara malzàn, fetg malzàn. Avànt tres mains veva el stuieu ir agl spital. Diagnosa: canzer. Ad ign saveva far nut. La fegn. El leva ir a tgea par murir a tgea, quegl leva el an mintga cass.

Me fatschandava que mumaint la dumonda, scha jou lastgi pratender digls meas cunfirmànds da far egna visita tier egn carstgàn moribund ad a lez da ratschever egna legra cumpagneia da cunfirmànds? An l'ura da cunfirmànds vainsa discuto quella dumonda. Igl tema murir e ieu a cor a tuts. Jou ve getg ca jou capeschi mintgegn ca setgi betga s'imaginar da vagnir sonda sera a cantar. El stotgi betga vagnir. Dantànt, tuts ân lieu vagnir.

Savànd ca nign carstgàn sa spitgear me suczess an la si'veta, drova el daple ca medaglias ad atestats exelents par easser vantirevel. El drova relaziùns da carezia fidadas cur ca la veta vean ple greava ni cur ca la mort s'anunzia. El drova spazi par svilupar farmezia interna ca lubescha da far tut las dumondas da la veta. Quels

partratgs ân fatg curascha a mei da cantar canzùns da Nadal ear an quella situaziùn.

Jou ve telefono a la duna Egger par vurdar sco'gl vomi cugl sieus um. «Betga bagn, el e strusch ple plidantevel», e stada la si'rasposta. «Vus vagnez dantànt bagn a cantar quersera?» â ella dumando anavànt. «Forza c'el oda ànc las canzùns, ear sch'el sa betga dascurer ple.» – «Nus vagnagn.» Um a duna Egger abitavan an la tgea paterna da duna Egger amiez vischnànca a Trin-Digg.

Igls cunsorts Egger ân vivieu a luvro prest egn'antiera veta anzemen. Avànt pocs mains vevan els savieu festivar las nozas d'or. El darivava da la part sura bernesa, ella eara egna indigena da Trin. Sco blears oters veva la duna giuvna stuieu sarender suainter la si'cunfirmaziùn an la Bassa par ancurir egna plaza. Là â ella ear amprieu d'ancanuscher igl sieus Emil. Cugl tains da la pensiùn ân igls consorts Egger dezidieu da far midada a Trin cun la sprànza da saver passantar ànc antgegns ons an ruos. «Cur ca la tschiera sadarasava igl unviern sur la Bassa, savev'ign strusch patartgear landervei c'ign savessi far ussa egna spassageada a Trin agl sulegl.» Pleds ca partutgan betga me l'ora.

Mo ussa tier nossa visita da tgànt. Igl antscheva a vagnir stgir. Nus samatagn sen veia, egna veia nunusitada. Nus scalinagn ved igl esch-tgea. La duna Egger earva igl esch ad avànt nus stat egna duneta goba ca pitescha da mal las giuadiras. Plànsieu òlza ella igl tgieu a varda da sutansei segls cunfirmànds – îls marveglius an egna beala fatscha clera. «Me vagned anavànt,» gi ella. Nus antragn an stiva. Sen mesa arda egna candela. Nus saplazagn an egn miezrudi avànt igl esch da la tgombra dasperas, ascheia ca nus vasagn igl malzàn. El sche quiet, nign movimaint. An stiva e egna ruassevladad sco an egna baselgia. Cun mias pussevladad mudestas da sunar la ghitara intonesch jou la canzùn da Nadal ca resùna mintg'on a la feasta da Nadal digls unfànts da Trin:

Sil pigniel schi bein ornaus,
glischan las candeilas.
Clar ils zenns han oz tuccau
tochen tier las steilas.

Babs e mummas gni oz tuts
sors e frars festginan.
En pursepen denter tschuts,
Jesus ei en tgina.

O co glischan sil pigniel
biaras tschien candeilas.

Jesus ha a nus da tschiel
oz purtau las steilas.

Durànt la tearza strofa – tutanegna earva igl malmalzàn igls îls. Egn curt mumaint targlischa la si'fatscha. Igl para sco sch'el less gir: Ea, Nadal e adigna sto impurtànt par me. Nadal gi a mei ca betga las temas stgiras ân igl davos pled an mia veta.

Nus samatagn bagnbòld puspe sen veia a tgea. La duna Egger prenda cumgieu da nus cun egna struclada cordiala digl màn. A tgea samatainsa ànc veda la mesa radunda. Igl dat egn tee a nus schmatgagn nuschs. Igl vean betga dascurieu blear. Egn cunfirmànd manegia: «Far egna visita ad egn malmalzàn drova schon ampo curascha. Jou se betga sco'gl va cun vus. Jou vez ànc adigna la targlischur an la fatscha digl signur Egger.» Egn oter manegia: «Igl e sco an l'istorgia da Nadal cur c'igl ànghel e rivo tier igls pasturs ad â getg: ‹pasch sen teara›.»

La dumeingia damàn alura igl telefon. Igl signur Egger e mort ozandamàn, calm a paschevel.

PETER WYDLER

Warten

DAS CHORKONZERT IN Pontresina war ein Erfolg gewesen. Erfüllt noch von der Musik von Bach und Mendelssohn trat ich die Heimreise nach Bivio an. Es schneite. Ich fuhr los in Richtung Julierpass. Den Anstieg in Silvaplana bewältigte ich ohne Schwierigkeiten. Die schlechten Sichtverhältnisse verunsicherten mich keineswegs. Mit der Strecke war ich bestens vertraut, war ich sie in den letzten Jahren doch ungezählte Male gefahren. Auch bei Schneetreiben wusste ich, was mich hinter jeder Kurve oder Kehre erwartete.

Schon tauchte schemenhaft der Turm auf der Passhöhe auf, der seit ein paar Monaten dort steht und für einige Jahre als Theaterhaus dienen soll. Kurz darauf passierte ich das Hospiz und die Hütte der Alp Surgonda. Problemlos nahm ich die Kehren, die hinunter zur Punt Brüscheda führen.

Etwas weiter vorne standen zwei Autos am Strassenrand. Hatte sich ein Unfall ereignet? War jemand in Not? Ich hielt an. Zwei junge Männer redeten miteinander. Konnte ich helfen? Alles war in Ordnung. Nur die Montage von Schneeketten wollte nicht gelingen. Ob ich wüsste, wie das ginge?

In solchen Dingen bin ich alles andere als erfahren oder geschickt, aber ich hatte Hilfe angeboten. Ich kauerte mich neben den weissen Sportwagen mit Tessiner Kennzeichen und Sommerreifen. Der Besitzer des Wagens gesellte sich zu mir, während der andere junge Mann sich verabschiedete. Er trug eine Ausgangsuniform der Schweizer Armee und musste noch rechtzeitig in Losone einrücken.

Zu zweit studierten wir die bebilderte Montageanleitung. Auch nach mehreren Versuchen hatten wir keinen Erfolg. Der Sportwagen stand schräg in der Fahrbahn und behinderte die entgegenkommenden Fahrzeuge. Deshalb wollten wir unsere Fahrzeuge weiter unten an einem geeigneteren Ort abstellen. Zentimeter um Zentimeter liess der schneeungewohnte Fahrer aus dem Süden sein Auto abwärts rollen. Es war von Weitem zu ahnen, wie unwohl ihm dabei war.

Nach endlos erscheinenden fünfzig Metern hielten wir an. Wir versuchten erneut, die Ketten zu montieren. Wir brauchten etwas Zeit, bis es uns beim einen Rad gelang. Die zweite Kette war dann bald angebracht. Die Erleichterung des Fahrzeughalters war gross. Jetzt konnten er und seine Frau, welche die ganze Zeit über im Auto ausgeharrt und Ängste ausgestanden hatte, sicher weiterfahren. Der Fahrer bedankte sich herzlich, startete den Motor seines Autos und fuhr vorsichtig in Richtung Bivio.

Auch ich setzte mich in mein wintertaugliches Auto. Bis nach Hause war es nicht mehr weit. Ich freute mich auf ein warmes Bad nach dem unerwarteten Abenteuer in winterlicher Kälte. Ich drehte den Zündschlüssel. Nichts regte sich. Der Motor tat keinen Wank. Die Batterie war leer, und ich stand nun meinerseits mit meinem Auto alleine am Strassenrand im Schneegestöber und kam nicht weiter.

Was tun? Ich rief meine Nachbarin an, eine beherzte, durch und durch praktisch veranlagte Frau. Sie war sofort bereit, zu mir hochzufahren, um den Motor zu überbrücken. Ich musste nur ein bisschen warten. Das tat ich mit Aussicht auf Hilfe gerne.

Nach etwa einer Viertelstunde kam sie. Die Nachbarin stellte ihr Auto vor meines. Wir öffneten die Motorhauben, schlossen die Überbrückungskabel fachgerecht an und versuchten unser Glück. Ohne Erfolg. Mehrmals.

Wie weiter? Bei der Pannenhilfe des TCS hiess es, Hilfe sei für Nichtmitglieder teuer; ich solle doch eine Garage aus der Region anrufen, die am Wochenende Pikettdienst habe. Aber welche nur? Wir riefen den Chef der zuständigen Unterhaltsgruppe des Tiefbauamts an. Der sollte es wissen. Aber er konnte mir nicht weiterhelfen. Ich rief die Polizei an. Der diensthabende Beamte gab mir eine Garage in Savognin an.

Ja, sie könnten schon kommen, erhielt ich dort zur Antwort, aber das werde teuer. Ich solle doch meine Versicherung anrufen, damit diese die Hilfe selbst veranlassen könne und die Kosten dafür übernähme.

Der Garagist gab mir sogar die Notnummer der Versicherung an. Endlich ein Lichtblick in dunkler, kalter Nacht!

Ich wählte die Nummer. Ohne in eine Warteschleife zu geraten, wurde mein Anruf beantwortet. Ein freundlicher Herr nahm sich verständnisvoll meines Problems an. Er erfragte die Nummer des Kontrollschilds, Namen und Adresse des Fahrzeughalters und gab sofort die Auskunft, dass die Versicherung für die Kosten der Hilfeleistung aufkommen werde. Dann erkundigte er sich nach meinem Namen und erklärte, dass er einen Pannendienst organisieren werde. Dieser würde sich in etwa zwanzig Minuten auf meiner Mobiltelefonnummer melden.

Jetzt war Hilfe in Sicht! Es konnte nicht mehr lange dauern. Ich bedankte mich bei meiner Nachbarin für die Unterstützung und Hilfe. Warten konnte ich auch ohne sie. Sie liess mich ungerne alleine, vielleicht weil sie nicht glaubte, dass die Hilfe wirklich kommen würde.

Warten. Zwanzig Minuten im kalten, gestrandeten Auto im Schnee. Das konnten zwanzig lange Minuten werden. Doch sie dauerten nur zehn. Ein junger Herr aus einer Garage in Celerina meldete sich. Er wollte den genauen Standort wissen und versicherte, er werde so schnell als möglich kommen. Eine halbe Stunde würde er aber bestimmt benötigen. Ich war froh zu wissen, worauf ich mich einzustellen hatte.

Und weiter hiess es: Warten. Die Minuten wollten nicht vergehen, aber ich wurde keinen Moment ungeduldig. Ich wusste ja: Er wird kommen, der Helfer, der Retter in der Not. Es war alles nur eine Frage der Zeit. Er hatte versprochen, so bald als möglich zu kommen.

Ich wartete im kalten Auto, geschützt vor dem eisigen Wind, der in der Dunkelheit den Schnee herumwirbelte. Ab und zu warf ich einen Blick auf die Uhr. Wie lange würde es noch dauern? Die angesagte Zeit war längst vorbei. Ich musste mich wohl noch länger gedulden. Und ich wartete ruhig. Ich wusste, dass jemand unterwegs war, und vertraute drauf, dass er kommen würde, um mich aus meiner misslichen Lage zu befreien.

Ein paarmal hielten Automobilisten an und erkundigten sich, ob ich Hilfe bräuchte. Gelassen konnte ich sagen, Hilfe sei unterwegs, ich müsse nur warten …

Ab und zu wurden aus Richtung Engadin Scheinwerferlichter im Schneetreiben sichtbar, aber die Hilfe liess auf sich warten. Nach einer guten, langen Stunde tauchte es auf: das Pannendienstfahrzeug! Ich stieg aus. Der junge Mann, der mich angerufen hatte, war sofort bei mir. Er begrüsste mich freundlich und entschuldigte sich, dass er mich so lange habe warten lassen. Die Verhältnisse seien ungünstig gewesen. Sie hätten es ihm nicht erlaubt, schneller da zu sein. Er habe einfach nicht eher kommen können.

Dann holte er ohne Umschweife aus seinem Fahrzeug eine grosse Batterie hervor, setzte diese auf die leere Batterie meines Autos und forderte mich auf, den Zündschlüssel zu drehen. Der Motor sprang augenblicklich an. Ich war erleichtert und glücklich. So schnell war mir geholfen worden. Es hatte sich gelohnt zu warten und auszuharren in der Not. Es war eine Frage des Vertrauens, dass Hilfe auf dem Weg ist.

Und kommt.

BARBARA HIRSBRUNNER

Die Entscheidung bleibt offen

DER ABSTIMMUNGSKAMPF IST in vollem Gange. Für Befürworter wie Gegner steht viel auf dem Spiel. Beide sind bestens vorbereitet. Alles wurde minutiös geplant. Professionelle Abstimmungskampfleiter stehen im Einsatz und ziehen alle Register der Kunst des Manipulierens und des Infiltrierens.

Das Initiativkomitee hat bereits zu Beginn der Kampagne zum Feiern im Restaurant «Frohsinn» aufgerufen. Es soll eine Megaparty stattfinden. Das Gegenkomitee ist noch nicht gross in Erscheinung getreten, hat aber per Facebook bekannt gegeben, dass sie in der «Krone» feiern werden. Dazu sind alle – wie sagt man landläufig: Hinz und Kunz – eingeladen.

Das Initiativkomitee ist mit namhaften Persönlichkeiten bereit für ihre diversen geplanten Auftritte. Beinahe flächendeckend finden Veranstaltungen statt. Hunderte von Leserbriefen sind zu dieser Abstimmungsvorlage bei der Redaktion eingetroffen. Zwei Drittel sind für eine Annahme der Initiative. Man erwartet im Vergleich zu anderen Vorlagen eine viel grössere Wahlbeteiligung.

Die Stellungnahmen sind persönlich und hochemotional. Selten gibt es Grautöne und unentschlossene Wortmeldungen. Auf Facebook wird rege diskutiert und kommentiert, und ein interessanter Austausch mit den unterschiedlichsten Bevölkerungskreisen findet statt. Aussenstehende könnten den Eindruck erhalten, es gehe hier um Sein oder Nichtsein.

Wissenschaftler sehen in dieser Vorlage das Ende eines Märchens. Juristen sehen einen Bruch mit dem geltenden staatlichen Verständnis. Behördenvertreter sehen eine Gefahr für unsere Kultur. Wirtschaftsgläubige fürchten Verluste in undefinierbarer Höhe. Tourismusvertreter erklären, Bürgerinnen und Bürger kämen zu einem Freiheits- und Zeitgewinn, der aber sinnstiftend gefüllt werden müsste. Zaghaft hört man aber auch, dass die Leute gar nicht mehr den Grund kennen. Die Botschaft soll zwingend wieder ins Zentrum gerückt werden.

Die Gegner sind mit deutlich weniger Stimmen vertreten. Der Mitgliederschwund macht ihnen im Moment einiges Kopfzerbrechen. Dies widerspiegelt sich direkt in den Einnahmen. Einem dringenden Aufruf folgten aber dann doch über 3120 Personen, unterzeichneten im Internet und bekundeten so ihre grosse Sympathie für das Anliegen. Mit dem gespendeten Geld soll eine Plakataktion in der Sonntagspresse finanziert werden.

Nun, auch Sie haben sicher davon gehört. Es geht um nichts anderes als dies: Weihnachten soll abgeschafft werden. So will es das Initiativkomitee. Das Gegenkomitee möchte den Status Quo erhalten.

Die Prognose sei gewagt: Bei einem Ja wird in Graubünden wohl noch wochenlang diskutiert werden. Die vielen Stellungnahmen von bekannten Persönlichkeiten könnten ein Anzeichen dafür sein. Es vergeht auch praktisch kein Tag, an dem nicht eine weitere Gruppierung ihr Manifest publiziert. Erstaunlicherweise sind diese sehr kreativ und lehnen sich weit aus dem Fenster.

Einige seien hier herausgepickt. Man könnte das Weihnachtsfest umbenennen in Winterfest. Das ginge übrigens auch bei Wintergottesdienst, Wintermarkt, Winterguetzli, Winterlieder usw. Eine weitere Idee wurde breit verkündet: Man solle sich wieder auf den Ursprung des Festes besinnen, anstatt dem neumodischen Jesustrend hinterherzurennen. Der 24. Dezember war ursprünglich der Tag des Sonnengottes. Die Feierlichkeiten sollten wieder zu Ehren der Geburt des unbesiegten Sonnengottes begangen werden.

Aus Rom erreicht das Initiativkomitee eine ganz spezielle Message. Die Weihnacht soll im Juni stattfinden. So könnte bereits jetzt eine Umstellung vorgenommen werden und man wäre dann im Jahr 2022, wenn die Pläne der FIFA umgesetzt würden und die Fussballweltmeisterschaft in Katar in die Wintermonate vorverlegt wird, bereit zum Feiern. Weiter schreiben die Initiatoren, dass durch diese historische Verschiebung gewährleistet würde, dass die Adventszeit besinnlich bleibe. Die WM-Gesänge störten dann die Weihnachtslieder nicht. Offenbar gibt es Pfarrpersonen, die sich als grosse Fussballfans outen. Für den Bündner Fussballclub «Pastors United» wäre es ein Leichtes mitzuhalten. Ihr Spiel des Jahres ist ja sowieso anlässlich der Bündner Synode, die jeweils im Juni stattfindet. Eine Idee wäre auch, dass die Feierlichkeiten nur in privaten Räumen vollzogen würden. Jemand stösst sich ausserdem daran, dass das Geburtstagskind nur einmal, vor vielen Jahren, gross beschenkt worden ist und seither immer leer ausgeht. Andere meinen, man solle sich wieder auf den Julianischen Kalender beziehen und Weihnachten 12 bzw. 13 Tage später am 6. Januar feiern. Das könnte auch die Tourismusbranche interessieren.

Von der christlichen Tradition des Abendlandes hört man jedoch kein Wort. Ist das Abendland gerade daran, sich selbst abzuschaffen? Eines haben die diversen Manifeste jedenfalls erreicht: eine angeregte, spannende und doch recht exotische Diskussion. Aber genug davon. Es sind noch viele Fragen offen und die Projekte sind offenbar auch noch nicht genügend ausgereift. Mit einem fulminanten Finale kann gerechnet werden.

Der Tag der Entscheidung ist da. Alle sind vereint, die Pro- und die Gegenpartei. Gebannt verfolgen Befürworter wie Gegner das Geschehen. Digitale Kanäle wirken unterstützend, um in Sekundenschnelle die notwendigen Informationen zu erhalten und den interaktiven Austausch zu pflegen.

Da geschieht etwas, womit niemand gerechnet hat. Punkt 18.55 Uhr gehen nämlich plötzlich die Lichter aus. Dunkelheit breitet sich überall aus. Kein Telefon, kein Fernseher, keine Mikrowelle funktioniert mehr. Blackout. Auf den Monitoren blinkt Code 303: Cross.

Das Netz ist tot. Allen ist klar: Strom muss fliessen, sonst bricht das System zusammen. Ein Anschlag? Ein Hackerangriff der Gegner? Eine einheitliche Sorge wächst. Wann und wie erfährt man nun das Abstimmungsresultat? Beide Gruppierungen machen sich auf den Weg, um wie zu alten Zeiten *face to face* zu kommunizieren.

Zur gleichen Zeit kommen die Anhänger beider Seiten an einem Gebäude vorbei, das einzige übrigens weit und breit, das hell erleuchtet ist. «Herzliche Einladung» steht mit grossen Buchstaben angeschlagen an der Eingangstür. Die «Initiativler» hoffen, bald von ihrem Sieg zu erfahren. Vielleicht haben die ja einen Server mit einer Notstrombatterie, der nicht vom Stromunterbruch betroffen ist. Für das Gegenkomitee ist eine Zeit der Stille mit christlichem Gedankenanstoss das sinnvollste, was man in diesem Moment tun kann. Etwas überrascht und vielleicht auch vom strahlenden Christbaumlicht geblendet, bleibt bei einigen nicht alles Gehörte in Erinnerung. Der Kinderchor singt unfreiwillig mehrstimmig, aber umso inniger die letzten Takte von «O du fröhliche». Der Sprecher, wohl ein Pfarrer, erwähnt, dass die Geburtstagsgeschichte von Jesus verschiedene Facetten habe. Er zitiert ein Wort von Edna Ferber: «Weihnachten ist keine Jahreszeit, sondern ein Gefühl.» Bei den dazugestossenen Gästen ist nickende Zustimmung zu beobachten. So ist es nicht verwunderlich, dass alle dem Aufruf zur gemeinsamen Feier mit Kerzenlicht im Kirchgemeindesäli gefolgt sind. Fulminant soll das Fest gewesen sein.

Niemand dachte jetzt noch an das erwartete Abstimmungsresultat. Das war ohnehin durch den Stromausfall unwiederbringlich verloren gegangen.

HOLGER FINZE-MICHAELSEN

Herr Barbüda macht die Fensterläden zu

Jedes Jahr zur Weihnachtszeit erinnere ich mich an Herrn Barbüda. Ich sage «Herr Barbüda», obgleich man sich bei uns – wie in allen Dörfern meines Tals – auf sonderbare, unergründlich eindeutige Weise angewöhnt hat, einander beim Vornamen anzureden. Wobei es dabei noch Spezialformen gibt, die man zusätzlich zu beachten hat. So nennt man die eine Margreth «Gritli», die andere «Gretli» und die dritte Margreth «Miggi». Und weil es so viele mit Namen Hans gibt, wird zur besseren Identifikation der eine als «Hänsch», der zweite als «Hanesch» und der dritte als «Hänsli» bezeichnet. Nur bei Herrn Barbüda war es anders. Er war für alle «Herr Barbüda».

Vermutlich lag das an seiner Erscheinung. Sie hatte etwas Aristokratisches, obwohl er alles andere als ein Aristokrat war. Sein Gang war aufrecht, nahezu kerzengrade. Wenn er – was nur bei vereisten Strassen, also im Winter der Fall war – mit einem Stock spazierte, hatte es etwas Nobles. Es war, als würde nicht er den Stock benötigen, sondern der Stock ihn. Er hatte ein schmales,

kantiges Gesicht, eine markante Nase und das, was man einen Adlerblick nennt. Insgesamt eine hagere Gestalt, der man jedoch eine gewisse Zähigkeit regelrecht ansah. Er war auch insofern eine eigentümliche Erscheinung, als er noch einen richtigen Hut auf dem Kopf hatte, und zwar sommers den leichten, beigefarbenen, winters den wärmeren dunkelgrünen aus Filz, beide mit der zusammengedrückten Spitze am vorderen oberen Rand. Zur letzteren griff er nach alter Manier, wenn ihm jemand begegnete, um das Hütlein zu lüften. Wenn man dann eine Weile mit ihm sprach, hielt er mit den drei Fingern seiner rechten Hand die ganze Zeit seinen Hut vor dem Bauch. All das zusammengenommen: Vielleicht hielt man ihn für unnahbar und nannte ihn darum «Herrn Barbüda». Oder es hing mit seiner Lebensgeschichte zusammen, die viele im Dorf kannten. Ich lebte noch nicht lange hier. Darum lernte ich sie erst später kennen.

Am Sonntag sass er manches Mal neben mir in der Kirchenbank. Er war wohl der Einzige noch, der immer mit Schlips, weissem Hemd und Anzug erschien. Vor dem Eingangsspiel wechselte man das eine oder andere Wort, wobei er kaum einmal von seiner tiefen, etwas rauchigen Stimme Gebrauch machte, sondern alles im Flüsterton beliess, zurückhaltend, diskret. Auf ihn passte das altertümliche Wort vom Ehrenmann.

Ja, altertümlich war er in jeder Hinsicht. Man schrieb es natürlich seinem hohen Alter zu. Ich glaube, als ich ihn vor neun, zehn Jahren kennenlernte, war Herr Barbüda bereits um die 80 Jahre alt. Ich sehe ihn noch genau vor mir. Er hatte Eigenheiten, die man nicht so leicht vergessen konnte. Seine bedächtige Art zu reden, seine unaufdringliche und abwartende Art im Gespräch, seine Art von aufrechtem Gang, seine Haltung im tiefsten Sinne des Wortes war – ja, wie soll ich es ausdrücken? Sie war irgendwie ansteckend. Ich ertappte mich beispielsweise dabei, dass ich nach einem nur kurzen Gespräch mit ihm selbst etwas gerader lief als sonst.

Warum ich mich so gut an ihn erinnere, hat aber einen ganz speziellen Grund. Und der hat nun mit der Weihnachtszeit zu tun. Herrn Barbüda sah man das ganze Jahr hindurch auf seinen Spaziergängen. Es war ihm nie zu heiss, zu kalt, zu nass, zu ungemütlich. Aber jedes Jahr kurz vor der Adventszeit machte er sich plötzlich rar, und zwar wochenlang. Er ging kaum noch aus dem Haus. Wenn er unbedingt einen Brief zur Post bringen oder etwas Dringendes einzukaufen hatte, eilte er durch die Strassen und schaute kaum nach links und rechts. Wenn ihm jemand begegnete, war sein sonst übliches Hütleinlüften nicht viel mehr als eine Andeutung desselben, begleitet von einem ebenso nur angedeuteten Blick zum Passanten hin. Es wirkte, als hätte er Scheuklappen, die sein Gesichtsfeld einschränkten. Er war einsilbig. Wer ihn ansprach, erhielt kaum etwas zur Antwort. Es wirkte, als wäre da etwas Bedrohliches, vor dem er auf der Flucht war. Herr Barbüda war dann anders. Herr Barbüda war dann kaum wiederzuerkennen. Immer zu dieser Zeit des Jahres. Auch in der Kirche erschien er nicht mehr, was bei den durchs Jahr hin wenigen, die zu den ganz treuen Seelen zählten, natürlich auffiel.

Er war mir sympathisch. Ja, ich mochte ihn. Und darum machte ich mir, als ich diese alljährliche Regelmässigkeit bemerkt hatte, Sorgen. Er wohnte nicht weit von mir entfernt. Als ich irgendwann kurz vor Weihnachten allerhand Gebäck produziert hatte (das mir zu meiner eigenen Überraschung sogar mehrheitlich gelungen war), fasste ich mir ein Herz, füllte eine starke Portion in eine Blechbüchse und ging zum Haus von Herrn Barbüda. Von Weitem sah ich, dass aus einem Zimmer spärliches Licht drang. Er war also zu Hause. Ich läutete. Ich wartete. Keine Reaktion. Ich läutete nochmals. Ich wartete. Da hörte ich leise Schritte, die Tür öffnete sich einen kleinen Spalt, in dem das Gesicht von Herrn Barbüda erschien.

«Ach, Sie sind es», sagte er. Es klang nicht gerade erfreut.

«Guten Abend, Herr Barbüda. Ich habe heute gebacken und dachte mir, vielleicht mögen Sie einmal probieren.» Ich streckte ihm die Blechbüchse hin. Sie war deutlich zu breit für den Türspalt. Herr Barbüda war gezwungen, die Tür weiter aufzumachen.

«Danke.» Pause. «Danke sehr.» Schweigen. Stille. Noch mehr Schweigen.

Ich wollte mich gerade verabschieden und umwenden, da sagte er: «Na, dann kommen Sie schon herein.» Ich liess es mir natürlich nicht zweimal sagen.

Er bot mir einen Platz an bei sich in der Stube, wo ein schwaches Licht notdürftig den Raum erhellte. «Nehmen Sie Platz», sagte Herr Barbüda mit heiserer Stimme, wie man sie am Morgen gelegentlich hat. Es klang, als hätte er den ganzen Tag noch kein Wort gesprochen. Es standen zwei Ohrensessel einander gegenüber, der eine wie neu, der andere abgewetzt. Ich wusste also, wo sein angestammter Platz war, und setzte mich auf den anderen.

«Herr Barbüda, darf ich offen sprechen?»

«Ja, tun Sie das.» Er sah mich eher beiläufig an.

Ich wollte ohne Umschweife loswerden, was ich auf dem Herzen hatte.

«Man sieht Sie kaum noch. Sie sind wie vom Erdboden verschluckt. Und das nun schon seit einigen Wochen. Ich habe mir Sorgen gemacht. Geht es Ihnen nicht gut?»

«Gut ... Was ist schon gut, wenn man über 80 ist!?»

«Aber sonst begegnet man Ihnen so oft. Beim Einkaufen, beim Spazieren, in der Kirche. Sie wirken immer so gesund und beweglich. Und jetzt ...»

«Ja.» Pause. «Ja.» Pause. «Ja, das stimmt. Ich habe meine Gründe.» Er sagte das stockend, mit einem abschliessenden Unterton, als wollte er unser gerade einmal begonnenes Gespräch schon wieder beenden.

Ich wollte ihn nicht bedrängen, keineswegs. Ich schwieg eine Weile in der Hoffnung, dass er selbst den Faden wieder aufnehmen würde. Aber er sass wie abwesend vor mir in seinem Ohrensessel, völlig in seine Gedanken versunken, die ich nicht kannte. Und dabei hatte er gar nichts mehr von seiner sonstigen Stattlichkeit. Er wirkte auch kleiner als sonst.

«Darf ich ...» Ich erschrak in dieser Stille ein wenig vor meiner eigenen Stimme und musste mich räuspern.

«Darf ich Sie fragen ... Entschuldigen Sie bitte, wenn ich nachfrage. Würden Sie mir Ihre Gründe anvertrauen?»

Schweigen.

Schweigen.

Schweigen. Ich wusste nicht einmal, ob er meine Frage gehört hatte. Als ich mich, ähnlich wie kurz zuvor an seiner Haustür, gerade erheben wollte, um mich zu verabschieden, sagte er mit leiser Stimme: «Bleiben Sie, bleiben Sie.»

Und Herr Barbüda erzählte mir, warum er jedes Jahr in der Zeit vor dem ersten Advent bis kurz nach Weihnachten so anders ist. Herr Barbüda war verheiratet gewesen. Mit seiner Frau Elsa hatte er drei Kinder. «Eine wunderschöne Frau war sie.» Ich unterbrach ihn nicht, auch wenn er immer wieder lange Pausen machte.

«Unser ältester Sohn hiess Paul. Er hatte seinen ganzen Lohn als Lehrling gespart und nach der Prüfung ein paar Jahre gearbeitet, bis er das Geld für ein Auto zusammenhatte. Ich sehe ihn noch vor mir, wie er zum ersten Mal damit vor unser Haus fuhr, glücklich, überglücklich. Drei Monate später, es war an einem ungewöhnlich milden Nachmittag im Dezember, ich sass mit meiner Frau auf der Bank unter der Laube, kam der Nachbarjunge atemlos auf uns zu gestürmt und rief: ‹Wisst ihrs schon? Paul hatte einen Unfall auf der Umfahrungsstrasse!› Ein angetrunkener Mann aus dem Nachbardorf war frontal in sein Auto geprallt. Unser Sohn war sofort tot. Er war damals 23.» Stille.

«Zwei Jahre später, auch wieder im Dezember, es war am 21., wurde unsere Tochter Anna, die in Chur arbeitete, in ihrer kleinen Wohnung an der Scalettastrasse tot aufgefunden. Sie starb an Unterzuckerung. Sie hatte ihre Diabetes nie so recht ernst genommen. In Chur hatte sie kaum Bekannte. Als sie drei Tage nicht zur Arbeit erschienen war und niemand wusste, wo sie sich aufhielt, hat man ihre Wohnungstür aufgebrochen. Da lag sie am Boden. Etwa drei Tage war sie schon tot. Sie war einsam gestorben. Einsam, wenn Sie wissen, was ich meine ...»

Er hat nicht auf mein «Ja» gewartet. Ich schwieg.

«Und dann war da noch Andreas, unser Nachzügler. Wir nannten ihn immer Resli. Er war uns als Einziger geblieben. Er war damals acht Jahre alt. Kurz vor Weihnachten bekam er hohes Fieber, das schnell immer höher anstieg. Wir mussten ihn ins Spital bringen. Und da ist unser Resli dann gestorben. Hirnhautentzündung. Damals hatte man noch nicht die Mittel wie heute. Das war an Heiligabend. Ich sehe ihn noch vor mir, wie er so bleich wie die Spitallaken in seinem Bett lag. Meine Frau und ich ... wir haben geweint, geweint.» Wieder Stille. Ich hatte den Eindruck, Herrn Barbüda würden all diese schrecklichen Verluste wie ein Film vor Augen stehen, bewegte Bilder, die kein Mensch je wieder loswerden könnte.

«Von da an war nichts mehr so, wie es einmal war.» Pause.

«Und vor zwölf Jahren ist dann meine Frau Elsa gestorben. Ganz plötzlich. Am Stephanstag. Wir hatten am Morgen noch Kaffee miteinander getrunken, hatten wenig geredet, denn in diesen Tagen stand uns immer vor Augen, was wir verloren hatten. Wen wir verloren hatten. Wir mussten einander nicht sagen, was uns beschäftigte. Wir wussten es ja. Sie musste nicht lange leiden. Herzschlag. Eigentlich ein schöner Tod. Sagt man jedenfalls.» Pause.

«Seitdem habe ich niemanden mehr. Ich bin allein. Und wissen Sie was?» Es war, als müsste er mit sich kämpfen, ob er es sagen sollte oder nicht. Er sagte es. Mit einem abgekämpften, ermüdeten Ton: «Seitdem hasse ich Weihnachten. Ich hasse die Lichterketten, die leuchtenden Sterne an den Laternenmasten, das Plastiktannengrün und die roten Plastikkugeln, die in den Geschäften aufgehängt werden, und die Weihnachtsbriefmarken. Ich mag auch die Weihnachtslieder nicht. Ich gehe zur Kirche, ja. Aber nicht zu dieser Zeit, nicht zu dieser Zeit. Verstehen Sie?»

Ich glaube, ich habe nur ein wenig genickt.

«Wenn am Heiligabend die Glocken läuten, wissen Sie, was ich dann mache? Ich mache die Fensterläden zu. Ich will davon nichts hören.» Stille. Aus der Küche war ein tropfender Wasserhahn zu hören. Er schien mir laut zu hämmern. «Ich bin jedes Jahr froh, wenn Weihnachten vorüber ist. Ich fange dann wieder an zu leben.» Jetzt erst sah er mich an. Auf dem Adlerblick lag ein Schleier. «Dann fange ich wieder an zu leben.» Ich schwieg. Ich hätte auch gar nichts zu sagen gewusst.

«So, jetzt wissen Sie alles. Danke für das Gebäck.» Es klang wie «Auf Wiedersehen».

Ich schämte mich, denn ich wusste ja: In der Blechdose war Weihnachtsgebäck. Und ich dachte: «Es wird verschimmeln. Er wird es nicht anrühren.»

Ich stand auf. Viel mehr als «Danke fürs Erzählen» brachte ich nicht heraus. Ich ging. Als ich ihm weit nach Neujahr ein paar Mal begegnete, war er verändert. Als sei er unsicher geworden, weil ich zum Mitwisser geworden war. Ich habe ihn nie wieder auf das, was er mir erzählt hatte, angesprochen.

Vor vier Jahren ist Herr Barbüda gestorben. Im Schlaf. Zu Hause in seinem Bett. Still und leise.

Ich war froh, dass es im Mai war.

JÖRG BÜCHEL

LA VEGLIA TUOR

Der alte Turm

«IMMEZ LA S-CHÜRDÜM s'invüd'üna glüm.» In der Dunkelheit erstrahlt ein Licht. Mit diesen Worten verklingt das letzte Lied. Dann haben wir es geschafft. Die Hauptprobe für Weihnachten ist zu Ende. Wir stürmen aus der Kirche und staunen: Es hat geschneit! Alles ist weiss. Blendend frisch und weiss erstrahlt das Dorf. – Weiss! Weiss war auch das Tuch, mit dem sie meine Grossmutter zugedeckt hatten. Tränen drücken in meine Augen. – Pam! Pam pam! Die Schneebälle fliegen schon. Livio und seine Freunde bombardieren uns Mädchen. Ich will allein sein mit meinem Schmerz und verdrücke mich zwischen die Häuser.

Ich gehe hinunter zur alten Mühle. Ein Umweg zwar, aber hier bin ich allein in der Stille des Schnees. Totenstille!

Alles in mir hat «Nein!» geschrien. Und dennoch bin ich still geblieben, als sie meine Grossmutter ins Grab hinunterliessen. «Erde zu Erde», hat der Pfarrer gesagt, als wäre alles in Ordnung. «Der Leib vergeht und zerfällt zu Staub. Lebendig bleibt allein die Liebe.»

Grossmutter! In deiner Liebe habe ich gelebt. Deine Stube war mein Zuhause. Der Stern in deinen Augen, deine Geschichte von der wunderbaren Geburt des Kindes und deine Freude an mir, das war Weihnachten!

Gestorben! Mit meiner Grossmutter ist auch Weihnachten gestorben. Nur ich bin noch da. Wie der alte Turm da vor mir auf dem Felsen. Seine Zeit ist auch vorbei. Er steht nur noch da. Verlassen, leer – wie ich.

Pam! Ein Schneeball trifft mich und reisst mich aus meinen Gefühlen. Lachende Bubenstimmen. Livio, Curdin und Jon schütteln sich vor Lachen.

«Du stehst da und schaust, als sähest du den Weihnachtsstern persönlich», witzelt Jon.

«Lass mich in Ruhe!», sage ich und gehe verärgert auf ihn zu.

«Das war nicht ich», protestiert Jon. «Livio hat geworfen!»

«Das ist eben so seine Art zu küssen!», säuselt Curdin.

«Du Kindskopf!», fahre ich Livio an. Gross – und überrascht? – schaut er mich an. Da ist etwas Ungewöhnliches in seinem Blick, das ich nicht verstehe.

«Wenn du den Weihnachtsstern dann siehst», fragt er zögernd, «beim Turm dort oben – wirst du ihm dann folgen?»

«Es gibt keinen Weihnachtsstern!», entgegne ich. «Ich bin kein Kind mehr, falls du das meinst. Und jetzt hau ab!»

«Die drei Könige waren auch keine Kinder», sagt Livio feierlich, «und der Stern hat sie dennoch überrascht.»

«Und du glaubst das?»

«Aber sicher!», witzelt Jon. «Wir glauben an die Überraschung des Schneeballs.»

«Lasst mich in Ruhe!», entgegne ich und wende mich angewidert ab.

«Ha! Wir sind die drei Könige. Wir folgen dir!», grinst Curdin und rennt mir mit einem Schneeball nach. Aber Livio folgt mir nicht, und Jon wundert sich: «He, Liv! Was ist los?» Livio kehrt wortlos um.

Ich gehe heim und spüre: So richtig daheim bin ich

hier nicht mehr. Die Stube ist leer. Und Mutter ist noch auf der Arbeit. Niemand wartet und freut sich auf mich. Ich bin kein Kind mehr, habe ich zu Livio gesagt. Ja! Mit Grossmutter ist auch mein Kindsein gestorben!

Von meinem Zimmer aus sehe ich den alten Turm auf dem Felsen. Livio … Er war so seltsam. Wie er wohl Weihnachten feiert? Er lebt mit seinem Vater allein. Der kommt abends erst spät nach Hause, und Livio muss sich um sich selbst kümmern. Ob auch er manchmal weint?

An Heiligabend ist die Kirche voll und wir singen: «Immez la s-chürdüm s'invüd'üna glüm.» In der Dunkelheit erstrahlt ein Licht. Ich habe Tränen in den Augen und schaue verstohlen um mich, ob es auch niemand sieht. Da treffen sich unsere Blicke für einen Moment. Livio lächelt. Hat er mir zugelächelt? – Oder hat er über mich und meine Tränen gelacht?

Am Weihnachtsabend feiern wir zu Hause als Familie. Grossmutters Weihnachtsgeschichte fehlt. Mutter weint auch. Der Zauber und das Glück von früher sind weg. Es ist irgendwie öde und erwachsen.

Am zweiten Weihnachtsabend dann überrascht er mich. Der Stern! Den es ja gar nicht gibt. Im alten Turm! Wo er ja nun überhaupt nicht sein kann. Aber mein Herz beginnt sofort heftig zu schlagen und … zu ahnen, zu hoffen! Und ja, ich entschliesse mich, ihm zu folgen, diesem unmöglichen Stern.

Ich gehe hinunter zur Mühle. Ich wate durch den Schnee hinauf zum Turm. Die Tür ist offen! Die Treppe ist unheimlich finster. Aber oben ist Licht. Und in der Ecke sitzt – er!

«Danke, dass du gekommen bist», lächelt er mir zu.

«Du Schelm!», lache ich und sehe die Kerze beim Fenster. «Das ist doch kein …» Stern, will ich sagen. Aber dann sehe ich den Stern in seinen Augen.

«Es tut mir leid wegen des Schneeballs», sagt er.

«Und darum … hast du mich … hierher …?», verhasple ich mich enttäuscht.

«Nicht darum! Ich möchte Weihnachten feiern», sagt er und schaut weg, um seine Tränen zu verbergen. «Ich weiss, dass du den Turm von dir aus sehen kannst. Und nach diesem dummen Schneeball … da kam mir die Idee: Ich möchte mit dir Weihnachten feiern.»

«Eine schöne Idee!», flüstere ich und spüre das Wasser auch in meinen Augen.

«Ich mag deine Tränen», sagt er und fügt hinzu: «Seit meine Mutter uns verlassen hat, bin ich auch immer traurig an Weihnachten.»

Dann zaubert er eine Schachtel mit selbstgebackenen Butterkeksen hervor. Lauter Herzen.

«Danke!», flüstere ich ihm zu und spüre: «In der Dunkelheit erstrahlt ein Licht.» Ja, ich bin wieder glücklich! Zart und scheu hat mich ein neuer Zugang zu Weihnachten überrascht. Der erste Zauber erwachsener Liebe.

JÖRG BÜCHEL

DER ALTE TURM

La veglia tuor

«IMMEZ LA S-CHÜRDÜM s'invüd'üna glüm ...» Cun quista chanzun es eir la prouva generala da Nadal bel e fatta. Nus currin our da la baselgia e vezzain: I naiva! Tuot es fingià alb e pront pella gronda festa. – Alb! Alb d'eira eir il linzöl, chi cuvernaiva a ma nona ... Nona! Eu saint il squitsch da las larmas aint ils ögls. – Pam! Pam pam! Las buorras svoulan fingià. Livio e seis amis bombardeschan a nus mattas. Eu vögl esser suletta cun meis cordöli e svanisch tanter duos chasas.

Eu chamin giò pro'l vegl muglin. La via es plü lunga, mo per la paja sun eu suletta – in quista naiv quieta! Quieta sco la mort.

Tuot in mai vaiva sbragi «na!», cur chi vaivan laschà a mia nona giò ed aint da quella foura sula – mo gnanc'ün tun nun es gnü our da mia gula. Be il ravaranda ha dit: «Terra a terra», sco scha tuot füss in uorden. «Il corp tuorna a la puolvra. Mo l'amur resta viva.»

Nona! In tia amur n'haja vivü. Tia stüva d'eira meis dachasa. La staila in teis ögls, tia istorgia da la naschentscha dal uffant e ti'algrezcha cha tü vaivast da mai, quai d'eira Nadal.

Mort! Cun mia nona es mort eir Nadal. Ed eu – bandunada! Sco quella veglia tuor là sül grip. Seis temp da vita es eir passà. Ella es be plü qua. Bandunada, vöda – sco eu!

Pam! Üna buorra am tocca ed am stira our da meis cordöli. Livio, Curdin e Jon rian da schloppar chi squassa lur buttatschs.

«Tü stast qua e püffast, sco scha tü vezzessast la staila da Nadal», tizcha Jon.

«Lascha'm in pos!», sbraj eu ed am volv invers el sco'na furia.

«Quai nu d'eir'eu», as defenda Jon. «Livio ha trat.»

«Quai es seis möd da dar bütschs!», scutta Curdin.

«Tü tottel!», tschüf eu üna rabgia sü per Livio, chi guarda aint per mai cun ögliuns ... surprais? Qua es ün'expressiun in seis ögls ch'eu nun incleg.

«E cur cha tü vezzast lura la staila da Nadal ... lasü pro la tuor», dumonda el, «tilla seguast?»

«I nu dà ingüna üna staila da Nadal!», respuond eu. «Eu nu sun plü uffant, in cas. Ed uossa svani!»

«Ils trais rais nu d'eiran neir na uffants», declera Livio, «e la staila tils ha listess surprais.»

«E tü crajast quai?»

«Mo cler!», sgrigna Jon. «Sco davo la surpraisa da las buorras.»

«Laschà'm in pos!», repet eu ed am volv plain sdegn.

«Nus eschan ils trais rais. Nus seguin a tai!», sbraja Curdin e cuorra davo mai. Livio però nu segua e Jon es stut: «Hej, Liv! Che esa cun tai?» Mo Livio as volva e va.

Eu riv a chasa – e saint üna jada daplü: I nun es plü quel dachasa dad avant. La stüva es vöda. La mamma es amo a lavur. Ingün nu spetta e s'allegra da'm verer. Eu nu sun plü ün uffant, vaiv'eu dit a Livio. Schi per vaira! Cun nona es morta eir mi'infanzia.

Davent da ma stanza vez eu quella veglia tuor sül grip. Livio! El d'eira da quai stran. Co passantarà el Nadal? El viva sulet cun seis bap. Quel vain tard la saira e Livio ha da far svessa tschaina. Crida'l eir el minchatant?

La Vigilia da Nadal es rivada. La baselgia d'eira plaina e nus vain chantà: «Immez la s-chürdüm s'invüd'üna glüm.» Eu vaiva las larmas aint ils ögls e guardaiva ch'ingün nu vezza. E qua, per ün mumaint, s'han inscuntradas nossas ögliadas. Livio faiva minz da rier. Ha'l ris aint per mai? O ha'l ris sur da mai e mias larmas?

La saira da Nadal vaina festagià a chasa in famiglia. L'istorgia da nona mancaiva. Mamma ha eir stuvü cridar. Il misteri e l'algrezcha da plü bod nu d'eiran plü. I d'eira vöd e da quai da creschüts.

La saira dal Firà lura m'ha'la surpraisa, quella staila! Chi gnanca nu dà. Aint illa veglia tuor d'eir'la! Ingio ch'ella nu vess propcha na pudü esser. Mo meis cour ha subit cumanzà a batter ... ed a sperar! E crajer o nu crajer, eu sun seguida a quella staila inexistenta.

Eu sun ida giò pro'l vegl muglin . Eu n'ha travachà la naiv cun passuns fin sü pro la tuor. La porta es averta!

La s-chala fich s-chüra. Be süsom esa glüm. Ed aint il chantun es – el!

«Grazcha, cha tü est gnüda», ria el aint per mai.

«Tü furbaz!», ri eu e guard la chandaila pro la fanestra. «Quai nun es bain üna …» – staila, vögl eu dir. Mo in quel mumaint vez eu la staila aint in seis ögls.

«S-chüsa pervi da la buorra», disch el.

«A, … am fast gnir … perquai …?», dumond eu.

«Bricha pervi da quai! Eu less festagiar Nadal», barbotta'l in guardond da la vart per zoppar sias larmas. «Eu sa, cha tü vezzast la tuor davent da tai. E cun trar quella buorra n'haja gnü l'idea: Eu less festagiar Nadal cun tai.»

«Che bun' idea!», scut eu e saint l'aua in meis ögls.

«Eu n'ha jent tias larmas», disch el ed agiundscha: «Daspö cha mia mamma ans ha bandunats, sun eir eu adüna trist a Nadal.»

Lura ha'l tut oura üna trocla cun grassins fats dad el svessa. E tuots in fuorma da courins.

«Grazcha!», scut eu e bad quista jà: Illa s-chürdüm s'invüd'üna glüm. Eu sun darcheu allegra!»

In tala maniera m'ha surpraisa, amo tuot fina e tmücha, üna nouva fatscha da Nadal. Il prüm misteri d'ün'amur creschüda.

SUSANNA MEYER KUNZ

Maryam, Yusuf und Manessa

DAS KIND LASSE sich kaum beruhigen, es schreie wie am Spiess. Ja, eine leichte Hüftdysplasie, aber das sei kaum der Rede wert. Das Schreien müsse eine andere Ursache haben. Die Mutter sei an ihren Grenzen. Sie rede die ganze Zeit arabisch auf ihren Mann ein. Dieser wirke zwar ruhig, aber etwas verloren und hilflos.

So schildert die Pflegefachfrau Anna-Maria am Telefon der Spitalseelsorgerin Marianne die Situation. Anna-Maria bittet sie inständig, baldmöglichst auf die Abteilung zu kommen. Die Situation sei ernst und die Station überfüllt. Sie selbst habe noch viele andere Patientinnen, die auf sie warten würden.

Mit einem solchen Notfallseelsorge-Einsatz hat Marianne heute nicht mehr gerechnet: syrische Flüchtlinge mit einem Schreibaby. Es ist der 23. Dezember. Sie sollte noch die Christnachtfeier und den Weihnachtsgottesdienst vorbereiten. Es ist wie verhext: Immer wenn sie in Zeitnot ist, kommt erst recht noch etwas Unvorhergesehenes dazu.

Auf dem Weg zur Station geht sie nochmals ihre Ideen für die Christnacht durch: die Weihnachtslieder, als Lesung natürlich die Weihnachtsgeschichte, die Kurzpredigt mit Fokus auf den Hirten, die es zuerst erfahren, dass der Heiland geboren ist. Der Einsatz unterbricht ihre schon so zu knappe Vorbereitung der Gottesdienste. Sie hofft, dass die Begleitung nicht zu lange dauern wird. Ungeduldig schaut sie auf ihre Armbanduhr.

Etwas zu zackig öffnet Marianne die Tür von Zimmer 22. Da sind sie: die Mutter, erschöpft zwar, aber mit wachem Blick; auf den Armen ein kleines Bündel, von dem nur der schwarze Wuschelkopf sichtbar ist. Die Kleine schläft tief und fest. Wahrscheinlich ist sie ziemlich erschöpft vom vielen Schreien. Daneben sitzt der Vater mit seinen dunkelbraunen Augen und dem traurigen Blick.

Das können nur Maria, Josef und das Kind sein! Genau, das sind sie, schiesst es Marianne durch den Kopf.

Die Frau fängt in sehr gutem Englisch an zu sprechen. Maryam heisse sie. Der Mann stellt sich als Yusuf vor. Das Mädchen heisse Manessa. Über den Namen Manessa kommen Maryam und Marianne ins Gespräch. Manessa heisse: «die vergessen macht». Maryam erzählt von ihrer Hoffnung, die schrecklichen Bilder des Kriegs und ihre Flucht eines Tages zu vergessen. Sie hat etwas Widerständiges, etwas Trotziges.

Marianne vergisst die Zeit und ihre Weihnachtsgottesdienste.

Maryam erzählt mit klarer Stimme: «Wir kommen aus Aleppo. Vor dem Krieg führten wir dort ein gutes Leben. Wir hatten alles, was wir brauchten: unsere Familie, Freunde und Freundinnen, ein Dach über dem Kopf, eine Stadt voller schöner Bauten und viel Kultur. Es kamen viele Touristen, denen unsere Stadt gut gefiel. Aleppo ist nach Damaskus die zweitgrösste Stadt in Syrien. 2010 zählte sie ungefähr 2,5 Millionen Einwohner. Sie ist eine der ältesten Städte der Region und liegt in einer fruchtbaren Senke auf beiden Seiten des Flusses Quwaiq. Unsere mittelalterliche Zitadelle war weltberühmt. Zum Lernen zog ich mich oft auf eine der Treppen des Tempels für den Wettergott von Aleppo zurück. Ich hatte die Möglichkeit, internationale Beziehungen zu studieren. In der Stadt gibt es viele historische Kirchen und Moscheen. Ich liebte diese wunderbaren Gebäude.»

Marianne denkt an die Treppe der Heiliggeistkirche in Bern, auf der sie während ihrer Studienzeit so oft sass. Sie denkt an das Innere der Kirche, in der sie geheiratet hat und in der ihre älteste Tochter getauft wurde. Diese Kirche ist ein Ort der Heimat für sie.

«Dann begann dieser schreckliche Krieg», erzählt Maryam mit stockender Stimme weiter. «Am Anfang glaubte ich noch, dass die anderen Staaten über die internationalen Ordnungen wachen würden, dass das Völkerrecht und die Menschenrechte geschützt würden, dass das Kriegsrecht eingehalten würde. Heute bin ich sehr traurig und enttäuscht. Die internationale Staatengemeinschaft inklusive der UNO hat völlig versagt.

Zwei meiner Brüder sind am Strassenrand an ihren unversorgten Wunden gestorben, die Häuser meiner

Freundinnen sind zerbombt. Auch wir wurden vom Assad-Regime eingekesselt und ausgehungert. Als Kurden hatten wir es politisch immer schwer.»

Marianne friert. Sie schlingt den Schal enger um ihre Schultern und hört betroffen zu, wie Maryam weitererzählt.

«Irgendwann im letzten Jahr mussten Yusuf und ich uns entscheiden: Sollen wir weiterhin Tag für Tag den unbarmherzigen Überlebenskampf in einer zugrunde gehenden Stadt führen oder sollen wir es wagen zu fliehen? Ich war schwanger. Meine Eltern ermutigten uns schweren Herzens zur Flucht.»

«Was ist das für ein Land», denkt Marianne, «das seine jungen und gebildeten Menschen schwanger und ohne Mittel in die Flucht treibt?»

«Vor zwei Monaten sind wir nach einer sehr beschwerlichen Reise mit vielen Hindernissen und schier unüberwindbaren Grenzen hier in der Schweiz angekommen. Meine Eltern sind noch in Aleppo, ebenso der Bruder von Yusuf und eine noch schulpflichtige Schwester von mir. Dauernd denke ich mit Sorge an sie. Manessa kam in einem türkischen Flüchtlingslager zur Welt. Es war Winter und sehr kalt. Es gab kaum Tücher und warme Decken. Zum Glück half eine alte Frau, eine afrikanische Christin. Von den türkischen Soldaten sind wir sehr schlecht behandelt worden. Es gab nur eine Toilette für tausend Frauen. Wir wurden schikaniert.» Marianne wagt kaum mehr zu atmen. Als Maryam ihr Handy hervornimmt und ihr einen Film des Lagers zeigt, laufen ihr die Tränen über das Gesicht.

«Seither kann ich nachts kaum mehr schlafen», erzählt Maryam weiter. «Ich erwache ständig. Manchmal plagen mich schlechte Träume. Ich sehe Gewehre auf Manessa gerichtet, ich höre Geschütze einschlagen. Ich bin in ständiger Angst um meine Lieben zu Hause. Als Kurden hatten wir es schon in Aleppo nicht einfach. Aber wir hatten ein Dach über dem Kopf. Mein Vater arbeitete als Lehrer und meine Mutter als Übersetzerin.

Hier in der Schweiz bin ich in Sicherheit, das weiss ich. Aber ich bin weit weg von zu Hause. Ich fühle mich hier fremd, das schmerzt. Ich verstehe die Sprache nicht, ich kenne eure Bräuche nicht.»

Zärtlich streichelt Maryam über das schwarze Haar ihrer Tochter. Manessa schlägt die Augen auf und fängt sogleich zu schreien an. Yusuf nimmt sie in seine Arme und wiegt sie sachte hin und her. Während Manessa schreit und ihrem Schmerz lautstark Ausdruck verleiht, sagt Maryam mit leiser, aber bestimmter Stimme: «Ich gebe die Hoffnung nicht auf, eines Tages diese Schrecken zu überwinden und die Qualen der Flucht zu vergessen. Ich gebe die Hoffnung nicht auf, dass die Verantwortlichen dieses schlimmen Kriegs eines Tages für ihre Taten zur Rechenschaft gezogen werden. Eines Tages!»

Marianne ist berührt und überwältigt: Maria, Josef und das Kind. Die drei fallen ihr mit Wucht vor die Füsse, und das schon am 23. Dezember. Ihr Weihnachtsstern hat sie hierher geführt in das Zimmer 22 zu Maryam, Yusuf und Manessa. Sie schämt sich, dass sie am Vortag auf ihrem bequemen Bürostuhl am Bleistift gekaut hat und nicht wusste, was sie zu Weihnachten predigen soll. Jetzt weiss sie es.

URS ZANGGER

NA BE NÜD

Nicht nur nackt

NÄCHTE SIND NICHT nur dunkel. Manchmal sind sie auch lang. Gegen die Dunkelheit gibt es das Feuer. Und gegen die Länge einer Nacht?

«Wie war es, als ich auf die Welt kam?», fragt der Junge. Mit einem Stecken stochert er in der Glut. «Frag deine Mutter, sie war dabei», sagt der Alte. Witzelt er?

«Sie weiss nicht viel zu erzählen. Es habe weh getan. Aber sie habe das meiste davon vergessen.» Der Junge grübelt weiter in den rötlich glühenden Flecken und in seinen Gedanken.

«Nicht gerade schön für dich, stimmts?» Der Alte spricht leise und mit belegter Stimme, wie unter Vertrauten, die nicht viel reden müssen, um einander zu spüren.

«Ich wollte ihr nicht wehtun ...»

«Der Schmerz ist nicht das Einzige, glaube mir.»

«Ich möchte wissen, wie für mich alles begonnen hat. Ich will meine Geschichte kennen!» Das Kind schreit es gegen die Nacht, wirft den Stecken ins dunkle Niemandsland und steht schon auf seinen Füssen. «Mir fehlt viel! Ich bin ... irgendwie ... nackt!»

Der Alte sitzt noch immer auf dem Boden, er schaut zum jungen Gesicht hoch. Dort wechseln sich flackernd Licht und Schatten ab. «Nackt bist du nicht. Nackt bist du, ja … und bist es doch nicht.» Was er spricht, singt er schon fast.

Dann ist es still, wie Hirtennächte sind, draussen – mit einem Feuer für etwas Geborgenheit in allem, was ringsum offenliegt und doch nicht einsehbar ist. Das Kind hat sich wieder hingesetzt. Zu ernst eigentlich und zu müde für sein Alter. Augenpaare suchen sich auf gleicher Höhe. «Wie … meinst du das?», fragt es stockend.

«Bei den Frauen kenne ich mich nicht aus. Für mich gab es nie eine. Von Geburten kann ich dir auch nichts erzählen. Aber einmal habe ich gesehen, wie es nachher ist. Ich habe also eine Geschichte für dich!» Der Alte schaut zu den Sternen hoch. «Es war unter demselben Himmel. Und ich war so alt wie du …»

Er beginnt zu erzählen. Langsam und mit feierlichem Gewicht in den Worten, als ob er diese Geschichte der gesamten Menschheit vortragen müsste:

«Ich wurde geweckt, aus dem Schlaf gerissen. Der Himmel hätte sich geöffnet, sagten die andern Hirten noch ganz benommen. Ein Licht hätte sie überrascht. Sie erzählten von Engeln und Gesang. Ein von Gott versprochenes Kind wäre geboren. Das Friedenskind. Hingehen sollten wir und es mit eigenen Augen sehen.

Wir machten uns auf und eilten ins Dorf, fanden den Ort, einen Stall und gingen hinein. Zwei, drei Frauen waren da. Die eine war über das Kind in der Krippe gebeugt, die anderen waren mit einem Kleiderbündel daneben beschäftigt: die blutjunge Mutter, noch schwach. Auch sie lag auf aufgeschüttetem Stroh. Als ob es zwei Geburten gegeben hätte, die des Kinds und die als Mutter. Hinten in einer Ecke für sich und ein bisschen verloren kauerte der Mann.»

Er unterbricht und überlegt, wie wenn er beim Erzählen einzelne Figuren hingestellt hätte und nun überprüfen wollte, ob auch wirklich alle am richtigen Platz stehen. «Was verstehen wir Männer schon von einer Geburt?», meint er jetzt, lächelt und wird gleich wieder ernst.

«Das Kind wurde unruhig und zappelte. Störten wir? Behutsam neigte sich die Hebamme über die Krippe und ergriff mit überraschend grossen Händen sachte, aber bestimmt das Kind an den Fussfesseln. Eine lange Weile verharrte sie so. Mir wurde bang. Es erinnerte mich an die Schafe, die wir an den Beinen packen und auf einen flachen Stein legen, um sie zu scheren. ‹Will man ihm schon jetzt das Fell abziehen?›, fragte ich mich. Das Kind aber fand wieder zu seiner Ruhe. ‹Siehst du?›, sagte die Hebamme zu mir. ‹Fasst man die Kinder so an, spüren sie Halt. Die Verlässlichkeit ist dann stärker als jede Verlassenheit. Auch du wirst so die Freiheit für deinen Weg finden.›

Wir gingen zurück zu unseren vertrauten Feldern und Herden. Und doch war für mich jetzt alles anders. Fortan wagte ich kaum mehr zu schlafen. Angestrengt schaute ich nach oben, um bei einem nächsten Mal wach zu sein, sollte sich der Himmel wieder öffnen.

‹Was träumst du dich in den Himmel?›, fragte mich einer der Hirten einmal. ‹Was du im Himmel suchst, findest du jetzt auf Erden!› Er kniete sich vor mir nieder, fasste mich mit starkem Griff an den Fesseln und beschwor mich: ‹Komm wieder herunter auf den Boden. Das Leben ist hier. Das Leben ist jetzt. Worauf Verlass ist, findest du in den Schritten, die du gehst.›

So lernte ich, nochmals auf die Welt zu kommen. Und das, was mich ins Leben wachsen liess, möchte ich dir weitergeben, wenn du es erlaubst. Es ist die Geschichte einer Geburt!»

Der sitzende Alte dreht sich über seinen rechten, abgestützten Arm und kniet jetzt vor den Füssen des Jungen wie ein Betender, greift langsam und bestimmt nach dessen Fussgelenken, drückt sie leicht. Nach einer Weile ist seine Stimme wieder da: «Nein, nur nackt bist du nicht. Du hast jetzt eine Geschichte. Und damit ich es nicht vergesse: Nimm den Stecken, mit dem du im Feuer gestochert hast. Nimm ihn jetzt aber als Wanderstab. Es ist meiner. In der Dunkelheit hast du, ohne es zu wissen, schon nach ihm gegriffen.»

URS ZANGGER

NICHT NUR NACKT

Na be nüd

NOTS NU SUN be s-chüras. Minchataunt sun ellas eir lungias. Cunter la s-chürdüna do que il fö. E cunter üna not sainza sön?

«Cu d'eira que, cur ch'eau sun naschieu?», dumanda il mat. El tizcha il chöttel cun ün bastun. «Dumanda a tia mamma, ella d'eira tiers», disch il vegl. Fo'l beffa?

«Ella nun ho bger da quinter, ch'ella hegia schmancho tuot – cun excepziun cha que hegia fat mel», cuntinuescha il mat e sdouvla aint ils burluns cotschens dal chöttel ed in sieus impissamaints.

«Que nun es brichafat bel per te, nischi?» Il vegl discuorra da bass e cun üna vusch ün pô rocha, scu traunter vegls confidents chi nu drouvan bgers pleds per resentir l'ün a l'oter.

«Eau nu l'he vulieu fer mel ...»

«La dulur nun es l'unic, craja'm.»

«Eau vuless savair, cu cha que ho cumanzo cun me. Eau vögl cugnuoscher mia istorgia!», sbregia l'iffaunt cunter la not, bütta il bastun aint illa s-chürdüna ed es già in pè. «A'm mauncha uschè bger. Eau am saint scu … nüd!»

Il vegl tschainta aunch'adüna per terra. El guarda sü aint per la vista dal giuven. Lo tremblan glüsch e sumbriva. «Nüd nun est, na. – Schi, nüd est tuottüna eir … ma na be.» El pera bod da chanter sieus pleds.

Uossa regna darcho quietezza – üna not da pesters, dadourvart, cun ün fö chi spordscha ün pô prüvadentscha e sgürezza in quista vastezza invisibla e sula intuorn ed intuorn. Il mat s'ho intaunt darcho tschanto.

Insè è'l memma serius e memma staungel per sia eted. Dua pêra ögls as tscherchan a listess'otezza. «Che … managiast cun que?», dumanda'l esitand.

«Da duonnas nu m'inclegi vairamaing. Per me nun ho que mê do üngüna. E da naschentschas nu sun eau bun da quinter ünguotta. Ma üna vouta d'heja vis, cu cha que es zieva. Schi, eau d'he ün'istorgia per te!» Il vegl guarda sü vers las stailas glüschaintas. «A d'eira suot il listess tschêl. Ed eau vaiva la listess'eted scu tü …»

El cumainza a quinter. Plaun plaunin, cun üna vusch solenna. Scu sch'el vess da quinter ün'istorgia a tuot il muond:

«Eau sun gnieu strat our da mieu sön. Cha'l tschêl s'hegia aviert, haun dit ils oters pesters auncha tuottafat confus, ch'üna glüsch als hegia spavantos. Els haun quinto dad aungels e da chaunt. Ch'ün iffaunt impromiss da Dieu svess saja naschieu. L'iffaunt da la pêsch. Cha nus dessans ir a'l guarder cun egens ögls …

Nus essans ieus illa vschinauncha, vains chatto la stalla ed essans entros. Duos, trais duonnas eiran lo.

Üna d'eira inclineda sur l'iffauntin aint il prasepan, intaunt cha las duos otras s'occupaivan da qualchosa chi guardaiv'our scu ün püntel da vstieus. Que d'eira la mamma giuvna, eir ella giaschaiva sül stram. Scu scha que vess gieu do duos naschentschas a listess temp, quella da l'iffauntin e quella scu mamma. Davousvart, in ün chantun ed ün pô pers, tschantaiva l'hom.»

Il pester interrumpa sieu raquint e ponderescha, scu sch'el vess plazzo quintand figüras in üna scenaria e vuless uossa examiner, scha minchüna saja propi al dret lö. «Che inclegiains nus homens già da naschentschas?», managia'l uossa, surria cuort e dvainta dalum darcho serius.

«L'iffauntin es gnieu inquiet ed ho cumanzo a sbiatter. Disturbaivans nus cun nossa preschentscha? Precautamaing s'ho la duonna da part sgubeda sur il prasepan e cun mauns d'üna grandezza insolita ho'la tgnieu cun premura ils revels da l'iffaunt. Ün'intera pezza è'la resteda in quista pusiziun. Eau d'he cumanzo a gnir inquiet. Que ch'eau vzaiva m'algurdaiva a la bês-cha cha nus clappaivans per las chammas e mettaivans sün ün grand crap planiv per la tuonder. ‹As voul già uossa trer giò il fol a quist pover iffauntin?›, m'heja dumando. Ma l'iffauntin s'ho pudieu calmer. ‹Vezzast?›, m'ho dit la duonna da part. ‹Scha tü tegnast ün iffaunt in quista maniera, al do que sgürezza. La sgürezza dvainta alura pü ferma cu la suldüna. Eir tü chattarost uschè la liberted per tia via.›

Nus essans turnos tar noss pasculs e nossas scossas. Ma da quel mumaint davent eira per me tuot oter. Eau nu ris-chaiva pü da m'indrumanzer. Mieus ögls eiran adüna drizzos vers il tschêl. Eau vulaiva esser pront pel mumaint cha'l tschêl s'avriss darcho. ‹Che guardast adüna sü vers il tschêl e t'insömgiast?›, ho ün dals pesters dumando ün di. ‹Que cha tü tscherchast sül tschêl, chattast uossa sün terra.› El s'ho inschnuglio davaunt me e m'ho clappo pels revels cun sieus mauns ferms. El m'ho ruvo: ‹Vè darcho giò sün terra! La vita es cò. La vita es uossa. Tü chattarost la fiduzcha in mincha pass cha tü farost.›

Uschè d'heja imprains a gnir aunch'üna vouta sül muond. E que ch'eau d'he survgnieu, vuless eau der inavaunt a te, scha tü'm permettast. Que es l'istorgia d'üna naschentscha.»

Il vegl müda pusiziun as puzzand sün sieu bratsch dret. Uossa è'l in schnuoglias davaunt ils peis dal giuven scu ün chi ura, piglia in maun ils revels e'ls schmacha ligermaing. Zieva üna pezza tuorna sia vusch. «Na, be nüd nun est. Tü hest uossa ün'istorgia per te! E per ch'eau nu schmauncha: Piglia il bastun, cul quêl tü hest tizcho il chöttel! El es mieu. Ma drouva'l a partir dad uossa scu bastun da viedi. Aunz, illa s-chürdüna, l'hest già piglio, sainza savair.»

MARTIN PERNET

Weihnachtspost

EINE GROSSE, URTÜMLICHE Ruhe lag über diesem Tal. Nur wenige Familien waren dort wohnhaft. Denn karg war der Boden, den sie bewirtschafteten, und nur wenig ertragreich. Zudem war im Winter der Weg weit und mühsam bis ins nächstgelegene Dorf, wo sich die Seitentalbewohner hin und wieder mit dem Lebensnotwendigen eindeckten.

Einmal erzählte mir eine betagte Dorfbewohnerin die Geschichte eines älteren Bauern, der um die Wende vom neunzehnten zum zwanzigsten Jahrhundert allein in einem kleinen Bergbauernhaus in jenem Tal lebte und dort oben sein Leben verbrachte. Im Winter sah man ihn wochenlang nicht im Dorf. Von Zeit zu Zeit suchten ihn ein Nachbar oder Verwandter aus dem Dorf in seinem abgelegenen Gehöft auf. Bei solchen Gelegenheiten brachten sie ihm Lebensmittel und, wenn vorhanden, die Post mit.

Die Armut zu jener Zeit war gross. Überall herrschten Mangel und Not. Als der Erste Weltkrieg ausbrach und auch in unserem Dorf Kargheit und Entbehrungen zunahmen, verschlechterte sich der dürftige Alltag unseres Bauern zusehends. Seine Lage verschlimmerte sich so sehr, dass er kaum mehr zu essen hatte und Hunger litt. In seiner Verzweiflung griff er fünf Monate nach Kriegsausbruch, Anfang Dezember, zur Feder und schrieb in ungelenken Buchstaben dem lieben Gott einen Brief. Nur Gott, so seine Überzeugung, konnte ihm dabei behilflich sein, dem Elend zu trotzen. An wen hätte er sich sonst wenden sollen?

Der Postbote im Dorf, dem man Tage später den

Brief übergab, staunte nicht schlecht, als er die Adresse «An den lieben Gott» las. Natürlich erriet er den Absender, wie er anhand jedes Schriftzugs den Schreiber oder die Schreiberin erkannte. Er öffnete den Briefumschlag, las die wenigen Zeilen und erfuhr so von der Not des Schreibers und seiner Bitte, der Himmel möge ihm doch hundert Franken zukommen lassen. Mit diesem Geldbetrag würde er den folgenden Winter gewiss überstehen können. Und im Übrigen hoffe er, der Schreibende, mit seiner Bitte nicht unverschämt zu sein. Er wisse, dass der erbetene Betrag beträchtlich sei. Doch habe der Pfarrer einmal in einer Predigt, der er im vergangenen Sommer beigewohnt habe, gesagt, dass er, Gott, gütig sei und sich vornehmlich den Armen verpflichtet fühle. Und er sei doch nun wirklich arm, habe kaum mehr zu essen, was ihm, Gott, gewiss nicht entgangen sei. Am Schluss des Briefs vergass der Schreiber nicht, den lieben Gott zu bitten, ihm dieses Geld bis Weihnachten zukommen zu lassen. Denn spätestens bis dahin seien seine letzten Vorräte vollständig aufgebraucht. Für die Unterstützung sei er ihm schon jetzt überaus dankbar.

Der Postbote, den die Erzählerin als junges Mädchen noch gekannt und von dem sie diese Geschichte erfahren hatte, sei zunächst in grosse Verlegenheit gewesen: Wem sollte er dieses Schreiben weiterreichen? Wo hat der liebe Gott seinen Briefkasten? Da kam ihm die Idee, den Brief dem Kommandanten einer militärischen Einheit zu übergeben, die damals in unserem Dorf einquartiert war. Vielleicht wüssten die Soldaten Rat. Auf jeden Fall muss der Inhalt dieses Briefs den Soldaten zu Herzen gegangen sein. Denn kurz vor Weihnachten machten sie unter sich eine Geldsammlung und trugen den für die damalige Zeit beachtlichen Betrag von fünfzig Franken zusammen. Das Geld steckten sie in einen Briefumschlag, adressierten diesen an den Absender und übergaben ihn der militärischen Feldpost, die den Brief mit einer Militärbriefmarke frankierte und alsdann dem zivilen Postboten übergab.

Zu den Festzeiten kamen Bewohner jenes Tals häufiger als üblich ins Dorf, sei es um Einkäufe zu erledigen oder um Besuche zu machen. Auf dem Rückweg nahmen sie jeweils auch die Post der anderen Talbewohner mit. So erhielt unser Bergbauer ausgerechnet am Weihnachtstag das Himmelsgeschenk von fünfzig Franken. Für ihn viel Geld. Trotzdem wollte er sich über das Geschenk nicht recht freuen, da er den Himmel ja um hundert Franken gebeten hatte. Und so griff er noch am Weihnachtstag erneut zur Feder und schrieb dem lieben Gott einen weiteren Brief.

Als der Postbote nach Neujahr wiederum einen an den lieben Gott adressierten Brief vorfand, glaubte er zunächst, einen Dankesbrief in Händen zu halten und wollte diesen dem Kommandanten der militärischen Einheit übergeben. Doch neugierig wie dieser ältere Briefträger nun einmal war, öffnete er auch dieses Schreiben und las es. Es war gut, war er neugierig gewesen. Denn nach der Lektüre sah er keinen Grund mehr, das Schreiben den Soldaten zu überbringen. Der Absender eröffnete nämlich dem lieben Gott, dass er ihm für die fünfzig Franken herzlich danke, ihn aber um hundert Franken gebeten und Gott bestimmt auch diesen Betrag in den Briefumschlag gelegt habe. Aus ihm unerfindlichen Gründen, und dies verrate ihm die Frankatur auf dem Briefumschlag, habe Gott dieses Schreiben dem Militär übergeben und es ihn nun über diesen Umweg erreicht. Bei dieser Gelegenheit hätten die Soldaten aus dem Briefumschlag fünfzig Franken entwendet, und so bleibe ihm jetzt nur noch die Hälfte der erbetenen Barschaft. Er bat Gott, bei Gelegenheit die Soldaten dafür zu bestrafen! Und ihm in Zukunft den erbetenen Betrag direkt zukommen zu lassen.

Soweit meine Erzählerin über den berühmtesten Briefschreiber aus jenem abgelegenen Bergtal. Dieser verstarb kurz nach dem Ende des Ersten Weltkrieges.

JOSIAS BURGER

Weihnachten am Steiniggässli

ALS CHUR NOCH ein beschauliches Städtchen war und der Zirkus Knie noch alljährlich auf der Kornquader gastierte, lebten am Hang des Pizokel zwei Freunde. Sie besuchten dieselbe Primarschule und gingen sogar in die gleiche Klasse. Der Schulweg führte sie durchs Steiniggässli, eine steile, stellenweise mit Kopfstein gepflasterte Gasse. Wenn sie unterwegs nach Hause waren, hatten sie sich viel zu erzählen. Lukas, der ältere von beiden, liebte Geschichten und Michael beschäftigte sich intensiv mit Musik. Er spielte nicht nur Blockflöten aller Art, sondern auch Klavier und Harfe.

Es ging auf Weihnachten zu. In der Schule übten sie fleissig für das Krippenspiel und probten die Lieder. Lehrer Melchior hatte auch für dieses Jahr wieder ein Stück ausgewählt. «Die Weihnachtsgeschichte ist die schönste aller Geschichten», pflegte er zu sagen. «Sie hat die Menschen von Anfang an bewegt und hört nicht auf, sie zu berühren.» Auch Lukas war von der Geschichte fasziniert. Er durfte dieses Jahr der Erzähler sein. Michael war bei der Musik engagiert. Seinen besonderen Einsatz hatte er beim Auftritt der Engel vor den Hirten.

«Ihr müsst euch in die Geschichte hineinversetzen, als wäre es eure eigene», ermunterte Lehrer Melchior seine Klasse. «Dann beginnt sie so richtig zu leben.» Das leuchtete den meisten ein. Nur Quirin meckerte: «Warum muss ich den Esel spielen? Damit habe ich doch nichts zu tun.» Und Augusto, der aus einer italienischen Gastarbeiterfamilie stammte, flüsterte ihm zu: «Viel angeli, nix real.» Doch dies ging in der allgemeinen Begeisterung der Mädchen unter, für die es nicht genug Engel geben konnte.

Bald würde die zweite Kerze am Adventskranz brennen. Die Tage wurden immer kürzer. Und die Gespräche auf dem Heimweg gerieten immer länger. Lukas und Michael hatten sich so vieles zu erzählen, und unterwegs konnte man allerlei entdecken. Es gab Tage, da hätten ihre Eltern bald einmal eine Vermisstmeldung aufgegeben.

Das Steiniggässli führte die beiden Freunde an einigen Häusern vorbei. Eines stand ganz für sich da, daneben war ein Apfelbaum im Garten. Davor stand oft eine alte Frau mit ihrem Hund. Sie sah seltsam aus und wirkte ziemlich unheimlich. Auf der Nase trug sie eine Brille mit dicken Gläsern, die ihre Augen bedrohlich gross erscheinen liessen. Ihre Haare glänzten unnatürlich schwarz, während ihr Scheitel grau schimmerte. Sie stand da, über ihren Stock gebeugt und warf einen müden Blick auf die Vorbeigehenden. Ihr Vierbeiner, den sie an der Leine hielt, glich einem Hirtenhund.

Anfänglich gingen Lukas und Michael wortlos an ihr vorüber, weil sie sich ein wenig fürchteten. Inzwischen hatten sie angefangen, sie zu grüssen. Quirin hatte sich damit gebrüstet, dass man sie richtig gut ärgern könne. «Sie ist eine alte Schrulle und vielleicht sogar eine Hexe.» Aber man müsse keine Angst vor ihr haben. Sie schwinge nur den Stock und murmle etwas vor sich hin. Nachrennen tue sie einem nicht, dafür sei sie zu alt. Im Herbst hätten er und Augusto ihr sogar Äpfel vom Baum gestohlen. «Das war ein Spass! Die alte Zwetschge ist total wütend geworden und ihr Hund hat ganz schön gebellt.»

Am Küchentisch von Lukas war die alte Frau auch ein Thema. «Es ist nicht recht, dass sie geärgert wird», entrüstete er sich. Und Michael sei der gleichen Meinung. «Wisst ihr eigentlich, wie sie heisst?», erkundigte sich die Mutter. «Ja, sprecht sie doch einmal an», pflichtete ihr der Vater bei. «Vielleicht gelingt es euch, ihr so eine Freude zu machen.»

In der Schule nahm das Krippenspiel immer mehr Gestalt an. Selbst Quirin schien sich langsam mit seiner «Statistenrolle», wie er es nannte, abzufinden. Der Kanon «Ehre sei Gott in der Höhe» klappte inzwischen bereits dreistimmig. Nach einer Probe wollte Angelika, die im Chor der himmlischen Heerscharen mitwirkte, wissen, warum die Engel ausgerechnet den Hirten auf dem Feld erschienen waren und nicht den Menschen im Dorf. Über Lehrer Melchiors Gesicht huschte ein Lächeln: «Wisst ihr, das ist gerade das Schöne an der Weihnachtsgeschichte: Die frohe Botschaft gilt allen und zuallererst denen, die am Rand stehen.» Angelika nickte bedeutungsvoll, und die beiden Freunde fassten einen Plan.

Als sie das nächste Mal der alten Frau mit dem Hund begegneten, nahmen sie allen Mut zusammen und sprachen sie an. Sie hiess Frau Berger und wohnte schon viele Jahre am Steiniggässli. Sie schien niemanden zu haben ausser ihrem Hund. Und auch Weihnachten würde sie wohl alleine verbringen. Von jetzt an wechselten Lukas und Michael jedes Mal ein paar Worte mit ihr und streichelten ihren Hund, der die Zuwendung sichtlich genoss.

Der letzte Schultag mit der Aufführung des Krippenspiels kam. Eltern in gespannter Erwartung versammelten sich im Klassenzimmer, das zum Theatersaal umfunktioniert worden war. Dann ging es los. Michael begann mit einem Musikstück, welches das Publikum gleich in seinen Bann zog. Lukas erzählte so lebendig, als würde sich die Geschichte gerade eben ereignen. Die Engel sangen voller Freude und Überzeugung. Den Hirten nahm man ihr Erschrecken und Erstaunen ab. Selbst Quirin machte seine Sache ordentlich. Lehrer Melchior war begeistert: «Ich glaube, die Botschaft von Weihnachten ist angekommen.»

Allerdings war ihm nicht entgangen, dass in den Augen von Lukas und Michael ein heimliches Leuchten lag. Wie wenn für sie das Krippenspiel nur die Hauptprobe für etwas Grösseres und zugleich Intimeres wäre.

Noch drei Tage bis Heiligabend. Die Ferien hatten begonnen. Eine eigenartige Stille legte sich über das

Steiniggässli, das sonst vom Lärm der Schulkinder erfüllt war. Es war eine konzentrierte Stille, die sich nicht von der Hektik der letzten Weihnachtsvorbereitungen anstecken liess. Sie breitete sich ruhig und kraftvoll aus, als erahnte sie bereits etwas vom Zauber der Heiligen Nacht.

Dann war der Heiligabend da. Als die ersten Sterne sichtbar wurden, klopfte es an der Tür von Frau Berger. Vorsichtig öffnete sie. Draussen standen vier Gestalten. Lukas und Michael erkannte sie sofort. Und dann wa-

ren da noch zwei Mädchen. Die beiden Freunde hatten Angelika, die so schön singen konnte, von ihrem Plan erzählt. Sie hatte eingewilligt und vorgeschlagen, ihre Freundin Gaby zur Verstärkung mitzubringen.

«Was macht ihr denn hier?», fragte die alte Frau erstaunt. «Wir haben etwas für Sie», sagte Lukas geheimnisvoll. «Dürfen wir reinkommen?» Frau Berger zögerte einen Moment, als müsste sie sich erst ein Herz fassen. Aber ihr Hund, der schwanzwedelnd angelaufen kam, und das fröhliche Strahlen der Kinder verscheuchten ihre Bedenken und sie bat sie herein.

In der einfachen Stube bedeckte dunkles Holztäfer die Wände. Dem Esstisch gegenüber stand ein kleiner Christbaum mit roten Kerzen und ein paar Äpfeln, die an den unteren Zweigen hingen. «Wir möchten Ihnen eine Freude machen», nahm Lukas den Faden wieder auf. Frau Berger blickte fragend durch ihre dicken Brillengläser. Dann begann Lukas die Weihnachtsgeschichte zu erzählen. Nachdem die himmlischen Heerscharen den Hirten erschienen waren, hielt Lukas inne und Michael nahm eine seiner Blockflöten hervor und spielte die Melodie von «Ehre sei Gott in der Höhe». Dann sangen sie alle miteinander das Lied im Kanon. Schliesslich übergaben sie der alten Frau eine Schachtel mit Zimtsternen, die sie selbst gebacken hatten.

Frau Berger musste zuerst ihr Nastuch hervorholen und sich über beide Wangen wischen. Die Müdigkeit war aus ihrem Gesicht gewichen. «Ihr kommt mir selbst vor wie die Engel, die den Hirten auf dem Feld die frohe Botschaft verkündet haben. Dass ihr eure Weihnachtfreude mit mir geteilt habt, werde ich nie mehr vergessen.» Dann nahm sie für jedes Kind einen Apfel vom Baum. «Nehmt das als Zeichen meines Danks. Hängt den Apfel zu Hause an einen Zweig», sagte sie mit einem Lächeln, «damit auch euer Weihnachtsbaum zu einem Paradiesbaum wird.»

Beschwingt und beglückt eilten die vier Kinder durch das Steiniggässli nach Hause. Sie wollten den Eltern erzählen, was sie an diesem Abend erlebt hatten. Und eines war für alle klar: «Das machen wir nächstes Jahr wieder! Wer weiss, vielleicht können wir sogar Quirin und Augusto dafür gewinnen.»

ANGELIKA MÜLLER

Zwischen Küchentisch und Kühlschrank

Karin: «Mir macht das Bauchweh!»

Peter brummt etwas und schaut nur kurz hinter der Zeitung hervor. Mit tiefer, abwesender Stimme: «Was?»

Karin: «Weihnachten.»

Peter seufzt: «Ah, Weihnachten ...» Er schaut Karin an: «Hast du schon zu viele Weihnachtsguatsli gegessen, obschon erst der zweite Advent ist?»

Karin: «Du machst dich lustig über mich. Du willst mich gar nicht verstehen!»

Peter legt die Zeitung auf die Seite und richtet sich auf. «Entschuldige, Karin, ich war grad versunken in den Börsenbericht, und alles andere war weit weg. Also: Was macht dir Bauchweh?»

Karin: «Das weisst du ja eigentlich schon, es ist jedes Jahr dasselbe. Es gibt mir zu denken, dass so viele immer wieder sagen: ‹Ich freue mich nicht auf Weihnachten. Ich freue mich, wenn es vorbei ist.›»

Peter: «Hörst du das wirklich oft? Bei mir ist es jedenfalls nicht so. Ich sehe mehr den schönen Baum vor mir, den ich bewusst aussuche. Und mir läuft das

Wasser im Mund zusammen, wenn ich an deine gute Küche, das feine Filet denke. Und nicht zu vergessen: die paar freien Tage! Kurz mal weg von der Bude – das brauche ich!»

Karin: «Du scheinst das Gejammer besser überhören zu können, die ernsten Gesichter, wenn Leute sich sorgen. Ich verstehe ja, dass es zum Beispiel traurig ist, wenn der geliebte Partner nicht mehr da ist, das stelle ich mir schwierig vor. Und ich kenne das ja auch, dass man an so vieles denken muss und ja nichts vergessen sollte. Dass man sich ins Getümmel der Warenhäuser begeben muss, um ja das Richtige für den und die zu finden. Karten schreiben – das wäre auch gut. Und die Kollegin hat jetzt schon Angst, dass der Streit bei ihr zu Hause wieder massiv wird. Ach.» Karin seufzt.

Peter nimmt ihre Hand und schaut ihr aufmerksam in die Augen: «Wie ist es denn für dich?»

Karin: «Für mich? Wie ist es für mich? Eh, ich weiss grad nicht, was ich sagen soll.»

Peter: «Warum ist es schwierig für dich zu antworten, wie es für dich ist? Das ist doch nicht so eine schwierige Frage!»

Karin: «Doch für mich schon. Wann stelle ich mir schon die Frage, wie *ich* es gerne hätte, was für *mich* wichtig wäre. Also: Wie ist es für mich?»

Beide schweigen. Karins Blick geht zum Fenster hinaus und verweilt dort, der Blick von Peter verweilt ruhig im Gesicht von Karin.

Nach einer Weile sagt Karin nochmals ganz langsam: «Wie ist es für mich?» Zwei-, dreimal wiederholt sie das. Peter schweigt, schaut sie geduldig und liebevoll an, obschon seine Gedanken zwischendurch zu den Börsen abhauen – etwas, das *ihn* beschäftigt.

Peter fragt nochmals: «Wie wünscht du dir Weihnachten? Was würde dir gut tun? Was würde dich freuen?»

Karin: «Darf ich ganz ehrlich antworten?»

Peter: «Du kennst meine Antwort.»

Karin: «Ich wünsche mir: einfach sein.»

Peter: «Einfach sein?»

Karin: «Ja, einfach sein.»

Peter: «*Einfach* sein oder einfach *sein*?»

Karin: «Beides.»

Peter schweigt, macht grosse Augen, überlegt.

Er fasst nochmals die Hände von Karin, knetet sie und fragt mit einem Lächeln weiter: «Du bist schwieriger zu verstehen als die Finanzen. Einfach sein: Was konkret meinst du damit?»

Karin schmunzelt: «Machst du es wieder kompliziert!?»

Peter lehnt sich zurück, schickt ironisch einen strengen Blick zu Karin und antwortet: «Wenn ich mir Mühe gebe, dich zu verstehen, bin ich kompliziert?»

Karin: «Ja, entschuldige. Vielleicht bin ich ja kompliziert, dass ich dir nicht genau sagen kann, wie ich mir das vorstelle.» Kurze Pause. «Eine Idee habe ich. Übrigens war jetzt grad so ein Moment, den ich als ‹einfach sein› bezeichnen könnte. Du konntest auch ruhig dasitzen, wir haben nicht tausend Sachen im Kopf gehabt – das hat mir grad gut getan. Danke!»

«Zum Glück hat sie nicht gemerkt, dass ich kurz wegen der Börsensachen abgeschweift bin», denkt Peter und sagt laut: «Und jetzt, deine Idee?»

Karin: «Jetzt geht es noch zwei Wochen bis zu Weihnachten. Ich würde gerne diese zwei Worte einfach in Gedanken so mitnehmen. Ich weiss nicht, ob du das auch tun magst und wir dann ab und zu einander sagen, was wir entdeckt haben?»

Peter: «Hm ja, nicht so ganz Meins, aber wenn es dir wichtig ist, versuche ich daran zu denken. Aber sei nicht enttäuscht, wenn ich dann nicht so viel liefern kann. Um ehrlich zu sein, ist es mir immer noch etwas fremd, dieses ‹einfach sein›. Etwas musst du mir aber versprechen: Das Filet wird aber nicht abgeschafft und mit einer einfach seienden Bratwurst ersetzt.»

Karin umarmt ihn; beide schweigen einen Moment.

Karin richtet sich ganz plötzlich auf: «Jetzt haben wir die Tagesschau verpasst!»

Peter schmunzelt: «Das kommt von deinem Tick punkto ‹einfach sein›.

Beide lachen. Nach einem tiefen Atemzug nimmt sie ihr Smartphone hervor. Und er geht zum Kühlschrank.

RITA GIANELLI

Luftballons im Rucksack

Draussen zog der Feierabend an mir vorbei. Ich sass im Bus und ärgerte mich über die reklamebedruckten Fenster, die den Blick nach draussen verschleierten. Doch das war nicht der Grund für meine schlechte Laune. Es lag am vollen Terminkalender. Genauer gesagt an diesem letzten Termin vor den Weihnachtsferien und der damit verbundenen Zugfahrt. Normalerweise mochte ich das Zugfahren. Man kann telefonieren, schreiben, lesen, schlafen. Zugfahren ist nie verschwendete Zeit. Doch an diesem Abend wäre ich am liebsten nirgendwohin gefahren.

Die Menschen draussen wirkten fröhlich. Mütter mit Kinderwagen riefen sich lachend etwas über die Strasse zu und Schüler rannten um die Wette. In diesem Feierabendtrubel sah ich auch die mir bekannten Gesichter der Menschen aus der Behindertenwerkstätte. Da war Maggie, immer mit Papiertaschen, Koffer und Rucksack beladen. Und Monika, die wegen eines krumm gewachsenen Beins hinkte, ging Hand in Hand mit ihrem Freund. Auch Kübelmario, wie ihn

die Schüler nannten, war da und durchsuchte die Abfallkörbe nach Brauchbarem. Ich kannte auch Toni, den Kettenraucher. Er lehnte an einem Schaufenster und zündete sich am glühenden Stummel bereits die nächste Zigarette an.

Am Bahnhof holte ich mir einen Kaffee und durchquerte die Unterführung. Ich überlegte kurz, welche Seite die vorteilhaftere sei, um niemandem zu begegnen. Mir war heute nicht nach Plaudern. Zugende? Nein, besser Zugspitze. Ich hatte Glück. Der Wagen war leer.

Ich machte es mir bequem auf der Sitzbank, stellte den Kaffee auf das Fenstertischchen, zog den Laptop aus dem Rucksack und kramte eine Mandarine hervor. Meine Laune besserte sich und für einen Moment vergass ich, dass ich noch keinen Feierabend hatte. «Bitte losfahren, bevor noch jemand einsteigt», dachte ich und lächelte zufrieden vor mich hin. Da öffnete sich die Schiebetür des Zugwagens.

Im Türrahmen stand ein junger Mann. «Nur weitergehen, es hat genug Platz in den anderen Wagen», hätte ich am liebsten gerufen, dachte es aber nur. Aus den Augenwinkeln nahm ich wahr, wie er langsam an mir vorbeischlurfte. Erleichtert vernahm ich, wie die Tür zum anderen Wagen aufgerissen wurde. Der Zug setzte sich in Bewegung und verliess quietschend das Bahnhofareal, vorbei an Wohnblöcken und Handwerksbuden in die Ebene des Landwassertals. Der Zug steigerte sein Tempo und wirbelte den frischen Neuschnee auf. Passanten auf dem Spazierweg blieben stehen, manche winkten. Ich liess den Blick über das weite Schneefeld schweifen, auf dem vereinzelt ein Langläufer dahinglitt, und spürte eine weihnächtliche Vorfreude, während ich mir Mandarinenschnitze in den Mund schob. Da ich das Abteil für mich allein hatte, zog ich die Winterstiefel aus und streckte meine Beine auf den gegenüberliegenden Sitz.

Da hörte ich wie die Wagentür hinter mir wieder aufgerissen wurde. Der Junge von vorhin schlenderte noch ein zweites Mal an mir vorbei, kam dann aber zurück und blieb unschlüssig vor mir stehen. «Einfach ignorieren», dachte ich und fingerte etwas an meinem Handy herum. Obwohl ich den Fahrgast kaum angeschaut hatte, wusste ich instinktiv, dass auch er ein Mitarbeiter der Behindertenwerkstätte war. Viele arbeiten in der Stadt und wohnen im Nachbartal. Zur Arbeit pendeln sie mit dem Zug. «Integration ist gut, solange sie dich nicht betrifft, oder wie?», meldete sich das Gewissen.

Der junge Mann nahm im Abteil neben mir Platz. Er sass in Gegenrichtung, sodass ein Augenkontakt unvermeidlich war. Ich starrte aus dem Fenster, obwohl wir durch den Tunnel fuhren. Inzwischen, ich beobachtete es im Spiegelbild des Fensters, zog auch er die Stiefel aus und streckte seine Beine auf den gegenüberliegenden Sitz. Dazu trank er in einem Zug einen Eistee aus der PET-Flasche, sodass sich das Plastik durch das entstehende Vakuum geräuschvoll zusammenzog. Als er fertig war, presste er mit seinen Handballen die Flasche langsam zusammen und stopfte sie in den kleinen Abfallbehälter unter dem Tischchen. Ich schaute kurz rüber. Der Junge lehnte sich zufrieden in seinem Sitz zurück.

Wir hatten Wiesen Station erreicht. Draussen klebten verschneite Tannen an den steilen Berghängen. Neuschnee lag auf dem Rücken des Muchetta, wie die Schuppenhaut einer schlafenden weissen Riesenechse. Als ich mich nochmals kurz zu dem Jungen umdrehte, erblickte ich zum ersten Mal sein Gesicht. Es war schön, vielleicht wie das eines Engels. Tiefblaue Augen, Herzmund, eingerahmt von wilden Locken. Ich verstaute meinen Laptop im Rucksack und war froh, das schwindelerregend hohe Viadukt hinter mir zu haben. Auch das Handy steckte ich ein und registrierte dabei aus den Augenwinkeln, dass mein Nachbar seinen Rucksack öffnete. Vorsichtig hob er einen Luftballon heraus, dann noch einen, zwei, drei. Er drapierte sie behutsam auf seiner Sitzbank. Ungläubig starrte ich auf die farbige Ansammlung. Wie war das möglich? Luftballons im Rucksack? Ich wollte nicht aufdringlich erscheinen und drehte mich weg. Doch dann liess der Junge einen Ballon beiläufig zu Boden gleiten. Weil ich nicht reagierte, schubste er ihn in meine Nähe. Ich schubste zurück. Zwei-, dreimal wiederholten wir stumm dieses Spiel.

Plötzlich stand der Junge auf und hob seinen Fuss über einen der Luftballons am Boden. «Nein», rief ich zu meiner eigenen Überraschung. Er hielt inne, doch seine Augen funkelten schelmisch. Dann knallte es.

Kurz vor der Endstation packte der Junge die übrigen Ballons wieder vorsichtig ein, stülpte die Mütze über, zog den Reissverschluss seiner Winterjacke hoch und verliess das Abteil. Ich blieb sitzen und wartete gedankenversunken, bis der Zug zum Stillstand kam. Da kehrte der Junge zurück, zog einen seiner kleinsten Luftballons aus seiner ausgebeulten Jackentasche und überreichte ihn mir. Mit dem Geschenk in den Händen, blickte ich ihm nach, wie er in der Unterführung verschwand.

Zwei Tage später. Es ist Heiligabend. Nach dem traditionellen Weihnachtsessen im Kreise der Familie warten nun alle in der Küche auf den Moment der jährlichen Bescherung. Ich ziehe mich ins Wohnzimmer zurück und treffe die letzten Vorbereitungen: Kerzen anzünden, Weihnachtsschallplatte auflegen. Dann öffne ich – ich kanns nicht lassen – das Fenster einen Spalt fürs Christkind und klingle mit der Glocke. Plaudernd schlendern Grosseltern, Eltern, Söhne, Töchter, deren Freundinnen und Freunde ins Wohnzimmer, wobei die bereits erwachsenen Kinder mir zuliebe einen Blick durchs offene Fenster werfen: «Habs grad noch gesehen», rufen sie im Scherz und fläzen sich aufs Sofa.

Erst jetzt fällt ihnen der bunte Luftballon zwischen den Geschenken auf. Was das denn sei, wollen sie wissen. «Ach das», antworte ich, «das ist ein Geschenk vom Christkind.» Es dauert nicht lange, da knallt es.

CLAUDIA BOLLIER HÜLSEN

Das Brillengeheimnis

NIEMAND KONNTE SAGEN, woher sie gekommen war. Sie war plötzlich da – mitten im Weihnachtsrummel stand sie auf der Promenade von Davos und hatte einen Koffer vor sich stehen. Auf den ersten Blick unterschied sie sich nicht von all den anderen Touristen der Weihnachtszeit. Doch sie ging nicht auf eines der Hotels zu, sie stand einfach nur da. Und dann öffnete sie langsam ihren Koffer, und man konnte etwas Buntes darin sehen.

Die meisten Vorbeigehenden nahmen keine Notiz von ihr. Es war ein Kind, das zuerst stehen blieb. Kinder sind halt immer die Neugierigsten. «Was hast du in deinem Koffer?», fragte es. Die Frau gab zunächst keine Antwort. Sie nahm nur eine farbige Sonnenbrille heraus, hielt sie dem Kind hin und meinte: «Probier sie an! Ich schenke sie dir, du kannst sie behalten. Weisst du, es ist eine besondere Brille.» Das liess sich das Kind nicht zweimal sagen, setzte sie auf, bedankte sich und ging freudig hüpfend davon. Der nächste Beschenkte war ein Vater. Er war stehen geblieben, um seinem Jüngsten die Mütze wieder richtig anzuziehen und fand sich nun als stolzer Besitzer einer neuen Sonnenbrille wieder. Eine Geschäftsfrau, die eigentlich nur zum Telefonieren die Handschuhe ausziehen wollte, hatte, ohne es recht zu wollen, ein elegantes Modell auf der Nase. Und ein wohlhabender Tourist wurde mit einem Modell beschenkt, das er so noch nirgends gefunden hatte – etwas farbiger, als er es gewohnt war.

Den neuen Brillenbesitzern war die Sache nicht so ganz geheuer. Es konnte doch nicht sein, dass man einfach so, ohne Gegenleistung etwas geschenkt bekommt. Alle, ausser dem Kind, zögerten, fragten nach dem Haken, nach dem Kleingedruckten. Und überhaupt, man brauchte, ja wollte doch gar keine neue Brille, jedenfalls nicht unbedingt, ungefragt und ohne sie selbst sorgfältig ausgewählt zu haben.

Die letzte Beschenkte war eine ältere Frau. Sie war besonders skeptisch. Sie hatte schon zu viele Enttäuschungen erlebt und glaubte nicht mehr an Geschenke. Das Gute in der Welt, das gab es nicht. Ein bisschen Glück, das musste man sich hart erarbeiten. Dies war ihre Erfahrung. Und was sollte sie nun mit solch einer schicken neuen Brille?! Eine Geldverschwendung war das, selbst dann, wenn es nicht ihr eigenes Geld war.

Doch die Fremde winkte bei allen ab: Nein, eine Verpflichtung sei mit dem Geschenk nicht verbunden. Sie wolle kein Geld, sammle keine Unterschriften, verlange keinen Gefallen – weder jetzt noch irgendwann später. Sie sollten sich nur daran freuen. Und dann meinte sie noch geheimnisvoll: «Es ist Weihnachtszeit, da kann alles Mögliche geschehen – auch Wunderbares!»

Und tatsächlich, die Brillen veränderten den Blick – nur ein ganz kleines bisschen, aber immerhin.

Das Kind war noch ein wenig fröhlicher und neugieriger als zuvor. Es teilte seine Brille mit seinem Schulkameraden, und die Kinder hatten viel Spass damit. Sie spielten und hatten viele neue Ideen. Es gelang ihnen zusammen vieles, was alleine nicht so gut ging.

Dem Vater schien es, als hätte er plötzlich mehr Geduld und er baute mit seinem Kleinen einen grossen Schneemann.

Die Frau merkte, dass sie an den Händen fror, und so legte sie das Telefon zur Seite. Es kam ihr in den Sinn, dass sie schon lange keine Zeit mehr für sich selbst gehabt hatte. Und so machte sie einen Spaziergang und sah sich die Eiskristalle am Landwasser an, die leuchteten so schön – ob mit oder ohne Brille. Ob sie jetzt noch alles heute schaffen konnte, war ihr plötzlich nicht mehr so wichtig.

Der Tourist, ja, der sah sich die Auslagen in den Schaufenstern an und dachte bei sich an die Menschen, die sich all das nicht kaufen konnten. Er beschloss, dass sich da etwas ändern sollte und er seinen Beitrag dazu leisten wollte. Ging es denn an Weihnachten nicht vor allem um die Nächstenliebe? Ein Gedanke, von dem er nicht so recht wusste, woher der denn plötzlich gekommen war.

Und die alte Frau betrachtete ihre Brille genau. Sie dachte darüber nach, wann sie das letzte Mal etwas geschenkt bekommen hatte. Dann kam ihr plötzlich vieles in den Sinn. Eine erfahrene liebevolle Geste reihte sich in ihrer Erinnerung an die nächste. Ja, es gab das Gute, die Welt war nicht nur schlecht. Sie hatte es nur vergessen und beschloss nun, sich wieder vermehrt daran zu erinnern.

Wohin die Fremde plötzlich verschwunden war, keiner konnte es so genau sagen. Jedenfalls war sie einfach weg. Es hatte auch niemand nach ihrem Namen gefragt. Und nun wusste man nicht, wer sie gewesen war. Die alte Frau allerdings war sich sicher: Es musste so eine Art Engel gewesen sein, der sie und andere an das wichtigste an Weihnachten erinnert hatte: An dieses Kind der Liebe, das so manch einen lehrte, an das Gute zu glauben. Und dann war da ja noch die Freude, diese Weihnachtsfreude, die nicht nur den Kindern gilt: Gott ist mit euch. Vertraut, glaubt und zweifelt nicht. Das Gute, die Liebe, sie gilt euch.

«Ja, es musste so eine Art Engel gewesen sein», dachte die alte Frau und lachte still vor sich hin.

URSULA MÜLLER-WEIGL

Jesus in Arosa

AM NACHMITTAG DES 24. Dezembers ist der Familiengottesdienst mit dem Krippenspiel der Erst- bis Viertklässler in der Aroser Dorfkirche zu Ende. Die Kinder legen ihre Kostüme ab und eilen zu ihren Eltern und Geschwistern. Nur ein Engelchen bleibt stehen.

«Mary, was ist?», fragt die Pfarrerin. «Magst du dich nicht umziehen?»

«Du sagtest, wenn zwei oder drei zusammen an Jesus denken, dann ist er auch dabei.»

«Ja», nickt die Pfarrerin. «Das hat Jesus versprochen. Ich glaube ...»

«Meine Mama sagt», unterbricht sie das Mädchen, «dass wir heute den Geburtstag von Jesus feiern.»

«Das stimmt. Komm, wir legen dein Engelkleid in den Kostümschrank.»

Als das Kleid im Schrank liegt, fragt Mary: «Du, Frau Fischer, wenn andere zu deinem Geburtstag ein Fest machen, feierst du dann mit?»

«Ja, sicher.»

«Gut», nickt Mary. Sie verabschiedet sich und rennt die Treppe hinunter. Unten wartet ihre beste Freundin Gabi.

«Na endlich!», ruft sie ungeduldig.

«Es stimmt alles!», strahlt Mary. «Und Frau Fischer würde auch an ihr Geburtstagsfest gehen.»

Zufrieden sagt Gabi: «Dann müssen wir uns jetzt aber beeilen. Jesus kommt vielleicht schon mit dem nächsten Zug in Arosa an.»

Die beiden Mädchen rennen die Dorfstrasse hinunter. Als der Zug im Bahnhof einfährt, stehen sie bereit und beobachten alle Leute.

Luca steigt aus und fragt: «Hoi Mary, hoi Gabi, was macht ihr denn hier?»

«Wir warten auf Jesus», antwortet Mary.

«Das ist jetzt nicht euer Ernst, oder?», sagt Luca.

Gabi erklärt: «Doch! Alle Leute hier feiern heute seinen Geburtstag mit vielen Lichtern und leckeren Dingen. Da wird er doch mitfeiern wollen! Frau Fischer würde das auch tun!»

«Und Jesus ist immer dabei, wenn zwei oder drei an ihn denken!», fährt Mary fort. «Also kommt er heute bestimmt! Und dann lade ich ihn ein. Er kann mit uns Spiele machen und Guetzli essen.»

«Ja, dann wünsche ich euch Glück, dass ihr ihm begegnet!», verabschiedet sich Luca.

Unterdessen hat sich der Bahnsteig geleert. «Vielleicht ist er im nächsten Zug», meint Mary. «Bis der kommt, hole ich in der Bäckerei die fünf Zimtsterne, die meine Mama bestellt hat. Die kommen auf die Teller und später essen wir sie zum Weihnachtspunsch.» – «Ich komme mit», sagt Gabi. Zusammen gehen sie über den Bahnhofplatz zur Bäckerei.

Die Bäckerin packt gerade zwei älteren Frauen einige Weihnachtsguetzli ein, legt die reservierten Kuchenstücke bereit und notiert sich, dass die ins Altersheim Surlej geliefert werden sollen.

Dann ist Mary dran. «Hoi, Luzia!», sagt sie. «Ich möchte die bestellten Zimtsterne abholen.» Die Bäckerin will gerade die Sterne holen, als Mary noch fragt: «Äh, hätten … hättest du vielleicht noch einen mehr? Man weiss ja nie, ob … ob vielleicht noch Je …, jemand zum Essen kommt.»

«Ja, kannst du sechs bezahlen?», fragt die Bäckerin.

«Oh, nein …», sagt Mary traurig.

«Weisst du was?», sagt die Bäckerin. «Ich packe dir einen Stern mehr ein, wenn du mir diese Kuchenstücke ins Surlej bringst. Unser Hitsch ist heute sehr spät dran. Schaffst du das?»

Mary strahlt: «Natürlich!»

Die Bäckerin macht zwei Pakete. «Schau, das hier ist euer Paket mit sechs Zimtsternen», erklärt sie ihr. «Und das da gibst du beim Empfang im Altersheim ab. Und halte die Schachtel schön gerade!» – «Klar», verspricht Mary. «Ich begleite dich», meint Gabi. Miteinander gehen sie dem See entlang, bis sie zum Altersheim kommen. Dort geben sie beim Empfang das Paket ab.

Auf dem Rückweg durchwühlt Gabi plötzlich ihre Taschen.

«Was suchst Du?», fragt Mary.

«Das Geschenk für meinen kleinen Bruder ist weg!», ruft Gabi. «Ich habe ihm doch extra ein EHC-Arosa-Abzeichen gekauft!»

«Ist es herausgefallen?», fragt Mary. Sie gehen noch einmal bis zum Altersheim zurück. Sie suchen den ganzen Weg ab. Zuletzt gehen sie in die Bäckerei und suchen auch noch den ganzen Fussboden ab. Aber vergeblich.

Die Bäckerin sieht sie und fragt: «Hat alles geklappt mit den Kuchen?»

«Ja!», sagt Mary stolz.

«Ach», klagt die Bäckerin. «wir sollten noch mehr ausliefern, aber unser Hitsch wurde irgendwo aufgehalten.»

Gabi meint: «Ich könnte helfen. Weitersuchen bringt eh nichts mehr.»

Die Bäckerin überlegt: «Das Dringendste sind die Partybrote für den Hockey-Fanshop! Die sollten sie in zehn Minuten haben.»

«Ich komme mit», sagt Mary. «Wenn wir uns beeilen, sind wir rechtzeitig für den nächsten Zug wieder am Bahnhof.»

Die Bäckerin gibt jedem Mädchen zwei Schachteln mit Partybroten, und die beiden machen sich auf den Weg.

Beim Hockey-Fanshop begrüsst sie der Inhaber: «Luzia hat schon angerufen und gesagt, dass ihr kommt. Danke vielmals für die Partybrote. Ihr dürft euch zum Dank etwas Kleines aussuchen.» Gabis Augen leuchten und sie flüstert Mary zu: «Meinst du, wir dürfen ein T-Shirt haben für meinen Bruder? Oder wäre das zu viel?»

Mary überlegt. «Entschuldigung», sagt sie. «Dürfte meine Freundin ein EHC-Arosa-T-Shirt haben für ihren Bruder, wenn ich dafür auf mein Geschenk verzichte?»

Der Inhaber schmunzelt: «Jaja. Dort sind reduzierte Kinderleibchen. Sucht euch eins aus.»

«Danke!», strahlt Gabi. Mit dem T-Shirt rennen sie zurück zum Bahnhof.

Als der Zug einfährt, fragt Gabi: «Du, wie sieht der Jesus eigentlich aus?»

«Keine Ahnung! Ist der nicht ein kleines Kind?»

«Nein!», protestiert Gabi. «Im Film hatte er einen weissen Mantel und Sandalen.» Dann ruft sie: «Halt: Mit Sandalen hat er doch hier oben im Winter viel zu kalt! Das geht nicht!»

«Ein kleines Kind geht aber auch nicht», überlegt Mary. «Wie kommt das alleine hierher?»

«O nein!», ärgert sich Gabi. «Wir haben ihn verpasst, weil wir nicht wussten, wie er aussieht.»

«Komm mit!», ruft Mary. «Frau Fischer weiss es sicher.»

Als die verwunderte Pfarrerin die Frage der beiden Mädchen hört, bittet sie sie herein.

«Wir haben auf Jesus gewartet, weil der doch sicher zu seinem Geburtstagsfest kommt», erklärt Mary. «Aber wir wissen nicht, wie er aussieht. Wissen Sie das vielleicht?»

Die Pfarrerin sagt: «Ich glaube, das weiss man nicht. Es gab damals noch keine Fotoapparate.»

«Ja, aber …!», ruft Gabi empört: «Wie soll man ihn dann erkennen?»

«Hast du nicht so ein grosses Buch, in dem alles von Jesus drinsteht?», fragt Mary.

«Gute Idee …» Die Pfarrerin blättert in ihrer Bibel. «Also, hier ist die Weihnachtsgeschichte. Da ist Jesus ein neugeborenes Kindlein. Und in dieser nächsten Geschichte da ist er etwa so alt wie ihr. Dann ist er erwachsen und wandert umher. Über sein Aussehen steht da aber nichts. Wichtig war, was er tat oder sagte.»

Die Pfarrerin blättert weiter. «Moment», sagt sie. «Da steht noch etwas anderes: Jesus sagte zu denen auf der rechten Seite: Ich danke euch. Ich hatte Hunger, und ihr habt mir zu essen gegeben. Ich war traurig, und ihr habt mich getröstet. Ich wusste nicht mehr weiter, und ihr habt mir geholfen. Ich war alleine, und ihr habt mich aufgenommen. Da sagten die Menschen: Das muss ein Irrtum sein. Wir haben dich gesucht und auf dich gewartet. Aber wir haben dich leider nie gesehen. Da sagte Jesus zu ihnen: Was ihr einem anderen Menschen zuliebe getan habt, der das nötig hatte, das habt ihr mir getan. Dieser andere, das war in dem Moment ich.»

Die Kinder denken nach. Dann sagt Mary: «Der andere, der es nötig hatte – merkwürdig.»

Gabi fragt leise: «Sind wir ihm jetzt begegnet oder nicht?»

«Es könnte schon sein», sagt Mary nachdenklich.

«Wie meinst du das?», fragt die Pfarrerin gespannt.

«Meinst du Luzia, der wir mit den Kuchen geholfen haben?», fragt Gabi.

«Ja, oder dich mit dem Geschenk für deinen Bruder!», stupst Mary ihre Freundin an.

«Ja, ihr habt ihn vielleicht angetroffen, ohne es zu merken», sagt die Pfarrerin. «Und das kann man nicht nur an Weihnachten erleben, sondern an jedem Tag im Jahr. Aber jetzt müsst ihr schnell nach Hause gehen, sonst suchen euch eure Eltern»

Die Kinder verabschieden sich und gehen nach draussen. Auf dem Heimweg hängt jedes seinen Gedanken nach.

Daheim geht Mary zum gedeckten Tisch und legt auf jeden Teller einen Zimtstern. Aber merkwürdig: Auf dem Tisch stehen sechs Teller. «Mama!», ruft sie. «Erwartest du Besuch?»

Die Mutter kommt aus der Küche. «Da bist du ja endlich! Vor einer Stunde rief Tante Elisabeth an und war so traurig. Es ist ihre erste Weihnacht, seit Onkel Hans gestorben ist. Da habe ich sie eingeladen. Lege bei meinem Teller keinen Stern hin, damit Tante Elisabeth einen hat.»

«Das ist nicht nötig, Mama», sagt Mary. «Schau, es hat genug Zimtsterne!»

Die Mutter staunt: «Woher kommt jetzt dieser sechste Stern? Ich habe doch nur fünf bestellt!»

«Das ist der Stern für Jesus», erklärt Mary. «Tante Elisabeth kann ihn haben. Ich freue mich: Jesus feiert wirklich mit uns Weihnachten!»

SABINE-CLAUDIA NOLD

Hasengold neben der Krippe

DER SCHNEE KNIRSCHT unter seinen Füssen. Ab und zu bahnt sich das Mondlicht einen Weg durch die dunklen Tannenwipfel und berührt den Boden. Duri seufzt und wischt sich mit dem Ärmel über die schweissnasse Stirn. Ihm ist heiss. Nicht wegen der leichten Last, die im Sack auf seinem Rücken steckt. Vielmehr ist es das Gewissen, das ihn quält.

Im Sack zappelt es. «Nur ruhig, Häschen», brummt Duri. «Dank dir werden wir heute keinen Hunger leiden.» Und in Gedanken fügt er an: «Wenn bloss keiner meine Falle entdeckt.»

Bis vor wenigen Monaten war Duri Stallbursche des Vogts von Hohentrins gewesen. Doch der grosse Brand hatte die Burg in Schutt und Asche gelegt. Der Vogt, der überzeugt war, dass dahinter ein Anschlag der Bevölkerung stecken müsse, hatte das Weite gesucht. Die Dienerschaft stand vor dem Nichts. Duri und seine Frau Neisina hatten an jede Tür geklopft. «In der Erntezeit wird jede Hand gebraucht», so hatte Duri gedacht. Doch die Bauern hatten nur den Kopf geschüttelt und ihre Türen rasch geschlossen. Die daraufhin geplante Rückkehr ins heimatliche Engadin wurde durch frühen Schneefall vereitelt. Sorgenvoll hatte Duri tief im Wald, in Plez, eine kleine Hütte gezimmert. Ein einfacher Raum, der sich an eine kleine Felshöhle schmiegt und in dem ein offenes Feuer für etwas Wärme sorgt. Seit Ende Oktober lebte er mit Neisina und der fünfjährigen Catrina dort – fernab von den Blicken der Dörfler. Neisina hatte Wurzeln ausgegraben, Pilze, Nüsse, Beeren und Kräuter gesammelt, doch der kleine Wintervorrat und die wenigen Nahrungsmittel, die sie ab und zu erhielt, reichten nirgends hin. Mit dem Schnee kam die Kälte. Und mit der Kälte der Hunger.

Das Zappeln auf dem Rücken macht Duri nervös. «Hoffentlich tötet Neisina das Tier», denkt er. Er weiss, dass er selbst dazu nicht fähig ist.

Ein Lächeln huscht über sein Gesicht, als er die kleine Hütte sieht. Kaum ist er drinnen, begrüsst ihn Catrina. «Papa, schau, wir haben eine Krippe gebastelt.» Stolz zeigt die Kleine in eine Ecke des einzigen Raums. Duri sieht einen Haufen Rindenstücke, etwas Moos und einige Tannenzapfenmännchen.

Duri lässt den Sack vorsichtig auf den Tisch gleiten, hebt Catrina hoch und gibt ihr einen dicken Kuss. Catrina, die bereits den Sack entdeckt hat und freudig danach greift, zuckt erschrocken zurück, als sich darin etwas bewegt. Neisina, die ihren Mann soeben liebevoll begrüsst hat, runzelt die Stirn. Duri räuspert sich verlegen und stottert: «Heute ist doch Heiligabend … und … nun ja …» Neisina öffnet den Sack, blickt kurz hinein, packt das Häschen mit einem beherzten Griff am Genick und zieht es aus dem Sack. Der Angstschrei des Tiers und der Freudenjauchzer von Catrina erklingen gleichzeitig.

«Ein Häschen, oh Papa, ein Häschen!», jubelt die Kleine und greift nach dem Tier, das völlig erstarrt in Neisinas Händen hängt. «Mama, bitte, darf ich es halten?» Neisina setzt das Tier auf den Tisch und Catrina beginnt behutsam, das flauschigweiche Fell zu streicheln.

«Duri, was um Himmels willen hast du dir gedacht», raunt Neisina ihrem Mann zu. «Du kennst die Strafe für Wilderei!»

«Das ist das allerschönste Geschenk, Papa!», freut sich Catrina. «Wo hast du Sigliottin gefunden?»

Duri blickt erstaunt zu Catrina, dann zu Neisina: «Sigliottin?»

«Ja, das ist doch Sigliottin!» strahlt Catrina mit geröteten Wangen.

Neisina seufzt und setzt sich an den Tisch. «Die Geschichte von Dialetta und Sigliottin», erklärt sie, während sich auch Duri setzt. «Dialetta war eine gute Fee. Sie erschien den Menschen, um ihre Herzen zu prüfen. Mal klopfte sie als hungernde Bettlerin an der Türe, mal sass sie als alter, kraftloser Mann am Wegesrand. Wer ihr grob begegnete oder Hilfe verweigerte, wurde schwer krank. Wer ihr aber half, der träumte von einem kleinen Hasen und fand am folgenden Tag goldene Hasenköttel.»

Duri schmunzelt und schüttelt den Kopf. «Na, das sind ja wilde Geschichten – und das an Heiligabend.

Zum Glück haben wir mit Jesus Christus solchen Aberglauben überwunden.»

Neisina blickt nachdenklich auf Catrina und den Hasen. «In die Verzierungen der Monstranz der neuen Kirche sollen auch solche goldenen Köttel eingearbeitet sein …»

«Ach was, das sind doch Legenden», unterbricht Duri und fügt mit einem missmutigen Blick auf den Hasen an, «und golden sind die jedenfalls nicht.»

Neisina verzieht das Gesicht zu einem schiefen Lächeln und wendet sich ihrer Tochter zu, die verträumt das Tierchen streichelt. «Catrina, dieses Häschen ist noch ein Kind – genau wie du. Es muss zurück zu Mama und Papa.»

Catrinas Mundwinkel sinken nach unten. «Ach, Mama, Sigliottin möchte sicher lieber hier bleiben.» Duri wendet sich rasch ab. Er kann Catrina keinen Wunsch abschlagen, schon gar nicht, wenn sie zu weinen beginnt. Gespannt lauscht er, was sich in seinem Rücken tut. Neisina hebt Catrina auf ihren Schoss. Das Häschen hat sich mittlerweile lang ausgestreckt auf seine rechte Seite gelegt. «Schau, mein Liebes, wenn unser kleiner Gast tatsächlich Sigliottin ist, dann sorgt sich Dialetta um ihn. Wir dürfen ihn nicht gefangen halten.»

«Aber er ist doch gar nicht gefangen», widerspricht Catrina, «er will ja gar nicht weg. Er mag mich.»

Neisina, die insgeheim ebenfalls über die Zutraulichkeit des Tierchens staunt, nickt. «Ja, aber Hasenkinder gehören zu ihren Haseneltern. Der Kleine kann heute mit uns Heiligabend feiern. So wie die Schafe und Hirten zum Jesuskind in der Krippe kamen, so besucht dieses Häschen unsere Krippe. Aber wenn es gehen will, dann werden wir es nicht hindern.»

Catrina nickt langsam. «Mama, kommt Dialetta auch zu Besuch?»

Neisina schmunzelt, schüttelt den Kopf und stellt Catrina auf den Boden. «Nein. Aber jetzt husch, runter vom Tisch mit dem Kerlchen. Du kannst ihn zur Krippe setzen.»

Auch wenn es an diesem Abend kein Fleisch gibt, so ist Duri dennoch glücklich. Neisina tischt eine Suppe auf, an deren Oberfläche sogar einige Fettaugen schwimmen. Catrina gibt keine Ruhe, bis das Häschen, das neugierig den Raum erkundet, einige getrocknete Brombeerblätter bekommen hat. Sie singen zusammen Weihnachtslieder und Duri erzählt die Weihnachtsgeschichte. Spät am Abend legt sich die Familie auf ihren Reisighaufen und deckt sich warm zu. Catrina legt das Häschen zum Jesuskind neben die Krippe. Es ist so zahm, dass Duri insgeheim fürchtet, das Tier sei krank. «Herr im Himmel, lass auch uns ein Weihnachtswunder erleben, sodass wir diesen Winter überleben», betet er, bevor ihm die Augen zufallen.

Am nächsten Morgen, am Weihnachtsmorgen, werden Neisina und Duri von einem lauten Ruf geweckt. Erschrocken fahren sie hoch. Catrina kniet mit fassungslosem Blick vor der Krippe. Der kleine Hase ist verschwunden, aber rund um das Jesuskind glänzen und glitzern goldene Hasenköttel. Duri sinkt sprachlos neben Catrina auf die Knie. Not und Hunger haben ein Ende.

HAIKO BEHRENS

Urs, der Hirsch

JEDEN ABEND VOR dem Schlafengehen schaute Sandro aus dem Fenster seines Zimmers im Pfarrhaus im Schanfigg, dem langgestreckten Tal vor den Toren Arosas, hinaus, um der grossen Weide und den Bergen gute Nacht zu sagen. Die Weide und die Berge waren bisher seine einzigen Freunde, denn Sandro war neu in der Gegend.

Gerade erst war er aus Zürich hierher gezogen, weil seine Mutter ein Pfarramt in den Bündner Bergen angetreten hatte. «Du wirst es dort lieben. Die schöne Landschaft dort, das Leben mit Mensch und Tier. Glaub mir, nach einem Jahr in den Bergen wirst du einen Zoo langweilig finden», sagte sie zu ihm.

Natürlich ging er in eine Schule. Aber den Dialekt, den die anderen Kinder sprechen, verstand er noch immer nicht gut. Immer wieder musste er nachfragen. Und auch wenn die Lehrerin und die Kinder nett zu ihm waren, fühlte er sich oft alleine. Seine Mutter, die neue Pfarrerin im Tal, war tagaus, tagein beschäftigt und «ging in ihrem Beruf auf», wie sie sagte. Sandros

Vater hatte eine Stelle als Manager in einem grossen Hotel in Arosa gefunden und war ebenfalls selten zu Hause. Sandros grosse Schwester war in Zürich geblieben. Und so war Sandro oft alleine und spazierte an den Nachmittagen dann ausgiebig durch Wald und Feld. Schnell hatte er entdeckt, dass es im Schanfigg viele Rehe gibt. Und so sass er gerne versteckt hinter einem Baum, um ihnen beim Grasen zuzusehen.

Auch ein Hirsch schaute ab und zu vorbei und stolzierte mit seinem Geweih das eine oder andere Mal ganz dicht an Sandros Versteck vorbei. Sandro hielt dann immer den Atem an.

Nun war Sandro schon beinahe ein Jahr im Schanfigg und es ging auf Weihnachten zu. Es hatte angefangen, in dicken Flocken zu schneien, und es war zu kalt, um den Rehen aus dem Versteck heraus zuzuschauen. Dafür aber kamen die Rehe jetzt zum Fressen ganz nahe ans Haus heran. Bisweilen zählte Sandro bis zu dreissig Tiere. Und auch der eine oder andere Hirsch war darunter. Einige Rehe sprangen sogar über den Zaun in den Pfarrgarten. Um sicherzugehen, dass die Rehe auch wirklich wiederkamen, hatte Sandro angefangen, auf seiner Fensterbank Rosenkohl, altes Brot und anderes, was in der Küche so abfällt, zu sammeln und es den Rehen als Futter hinzuwerfen.

An einem Winterabend kurz vor Weihnachten öffnete Sandro wieder sein nun mit einer elektrischen Kerzengirlande umrahmtes Fenster, um der Weide, den Bergen und auch den Rehen in die Schummrigkeit der Dämmerung hinein gute Nacht zu sagen. Die von einer kleinen Batterie betriebenen Kerzen leuchteten in der Dunkelheit.

Da hörte Sandro direkt vor dem Fenster ein lautes Schnauben und zog erschrocken seinen Kopf zurück. Ein riesiger Hirsch steckte seinen Kopf samt Geweih geradewegs zum Fenster hinein und blickte Sandro direkt in die Augen. Sandro schrie kurz auf. Und auch der Hirsch schien zu erschrecken, denn er wandte sich ruckartig um und sprang mit einem gewaltigen Satz über den Zaun – jedoch nicht ohne noch die riesige Karotte und die auf der Fensterbank ausgelegten Rosenkohlbällchen mitgehen zu lassen.

Als Sandro das Fenster am nächsten Abend wieder öffnete, sah er den Hirsch in der einsetzenden Dunkelheit wieder. Allerdings stand er nicht direkt am Fenster, sondern etwas weiter entfernt auf der anderen Seite des Zauns. Nun nahm Sandro allen Mut zusammen, griff sich ein paar Bällchen Rosenkohl und streckte seine Hand in die Dunkelheit hinaus, um den Hirsch anzulocken. Spontan beschloss Sandro, den Hirsch Urs zu nennen. So hiess auch sein bester Freund in Zürich. Und so rief Sandro leise: «Urs, komm, hier gibt es Gutes zu essen!»

Der Hirsch lief nicht weg. Er blieb einfach stehen, spitzte die Ohren und beobachtete Sandro. Schliesslich machte Urs ein paar langsame Schritte auf das Haus zu. Dann sprang das riesige Tier mit einem gewaltigen Satz über den Zaun und blieb vor dem Fenster direkt vor Sandro stehen. Urs nahm den Rosenkohl mit einem schnüffelnden Schwupp aus Sandros Hand und sprang in die Dunkelheit zurück.

Am folgenden Abend, es war vor Heiligabend, kam Urs nicht zur Fütterung. Und so warf Sandro enttäuscht den Rehen die gesammelten Kartoffel- und Apfelschalen zu, die sie gerne, aber in sicherem Abstand verzehrten. «Vielleicht hat Urs der Geruch frisch gebackener Kekse vertrieben», dachte Sandro verdriesslich, denn das Haus duftete danach.

Mitten in der Nacht wurde Sandro durch das bekannte Schnauben am Fenster wach. Er zog die Vorhänge zurück und sah Urs. Er öffnete das Fenster. Der Hirsch hob und senkte den Kopf und schaute abwechselnd auf Sandro und die Fensterbank. «Ich habe nichts mehr für dich», sagte er entschuldigend. «Als ich vorhin die Rehe fütterte, warst du nicht da. Und jetzt haben die Rehe eben alles gefressen.» Urs blieb stehen und blickte ihn traurig an. «Armer Urs», sagte Sandro und streckte die Hand aus, um Urs zu streicheln. Der liess es zu.

Sandro tätschelte Urs die Nase und sagte: «Morgen ist Heiligabend, da kann ich dich abends nicht füttern. Aber nach dem Christnachtgottesdienst stehen wir alle vor der Kirche, trinken Punsch und knabbern Weihnachtsgebäck. Du bist herzlich eingeladen.» Sandro schaute Urs tief in die Augen. «Für dich bringe ich auch ein paar Bällchen Rosenkohl mit.»

Dann hörte Sandro auf dem Flur Schritte und flüsterte hastig. «Mama kommt! Urs, verschwinde!» Der Hirsch wandte sich hastig um, und dabei riss sein Geweih die Kerzengirlande mit. Und ehe Sandro noch etwas sagen konnte, verschwand Urs mit blinkendem Geweih.

Am Morgen kündigte Sandro beim Frühstück geheimnisvoll an, dass ein neuer Freund namens Urs wahrscheinlich zum Apèro nach dem Gottesdienst vorbeikommen werde.

«Warum kommt er denn nicht zum Gottesdienst?», fragte die Mutter tadelnd. «Urs war noch nie in einer Kirche. Ausserdem ist er dafür zu gross», antwortete Sandro mit vielsagendem Blick. Seine Eltern und auch seine Schwester, die über Weihnachten nach Hause gekommen war, schüttelten halb belustigt, halb mitleidig den Kopf. «Gross und kirchenfern ... Aber für Weihnachtsgebäck reicht der Glaube dann doch noch», spöttelte die Mutter. Sandro seufzte. «Nein, er mag kein Weihnachtsgebäck. Er isst am liebsten Rosenkohl.» «Aha, er isst Rosenkohl. Sollen wir also eine Schüssel Rosenkohl neben den Glühwein platzieren?», frage die Mutter kopfschüttelnd. «Nein, das mach ich schon selbst», entgegnete Sandro. Seine Mutter runzelte nur die Stirn und ging zurück in die Küche.

Nach dem Frühstück versuchte Sandro, seine Schwester ins Vertrauen zu ziehen. «Urs ist ein Hirsch», flüsterte er ihr ins Ohr. «Aha, ein Hirsch», antwortete sie so laut, dass sich die Mutter in der Küche umdrehte. «Pscht», zischte Sandro. «Das stimmt wirklich. Ich habe ihn mit Rosenkohl gefüttert, den mag er am liebsten.» Die grosse Schwester schaute Sandro mit grossen Augen an, sagte aber nichts.

Es wurde Abend und die Glocken läuteten zum Christnachtgottesdienst.

Die Kirche war voll, die Stimmung war feierlich. Nur Sandro konnte an nichts anderes als an Urs denken. Würde er kommen? Eine Schüssel voll mit Rosenkohlbällchen hatte er heimlich unter dem Tisch mit den Weihnachtsguatsli platziert.

Als die Gemeinde zum Schlussakkord von «O du fröhliche» die Kirche gen Vorplatz verliess und sich schwatzend an den Guatsli gütlich tat, hielt Sandro vergeblich nach Urs Ausschau. Die feierliche Stimmung schien an Sandro vorbeizugehen. Dies fiel seiner Mutter auf, die sich kurz zu ihm gesellte, ihm den Arm um die Schulter legte und mitfühlend fragte: «Ist Urs nicht gekommen? Das tut mir wirklich leid. Aber du kannst ihn gerne morgen zu uns einladen.»

Plötzlich rief ein kleines Kind laut: «Mama, schau, ein Hirsch mit Licht!» Und richtig! Ein ausgewachsener Hirsch mit einer blinkenden Kerzengirlande um das Geweih sprang über den Zaun und kam direkt vor der Kirche neben Sandro zu stehen. Die Leute schrien zunächst auf, nur Sandro blickte triumphierend um sich. Dann wurde es still. Schliesslich sprach Sandro in die Stille hinein. «Das ist Urs. Mein neuer Freund. Er besucht mich jeden Abend und ich gebe ihm zu essen. Am liebsten isst er Rosenkohl. Ja, Mama, Urs ist kirchenfern. Er ist heute das erste Mal hier. Also heissen wir ihn willkommen.» Daraufhin beugte Sandro sich unter den Tisch und holte die Schüssel mit dem Rosenkohl hervor, über den sich Urs gierig hermachte. Schliesslich wagte sich das Kind vor, das Urs zuerst gesehen hatte: «Darf ich ihn streicheln?» – «Aber ja», sagte Sandro und hob den kleinen Jungen hoch, so dass er Urs' Nase streicheln konnte. Schliesslich wagten sich auch die anderen vor. Urs liess sich streicheln, während er seelenruhig seinen Rosenkohl mampfte.

Als die Schüssel leer war, machte Urs sich mit ein paar wenigen Sprüngen davon und verschwand blinkend in den verschneiten Bergen. Die feiernden Menschen blickten Urs staunend nach und waren sich einig, ganz besondere Weihnachten gefeiert zu haben.

Autorinnen und Autoren

Luzi Battaglia-Sigrist, 1945, ist pensionierter Pfarrer und Altdekan der Bündner Synode. Er wohnt in Fürstenau. Die Übertragung des romanischen Lieds ins Deutsche stammt von Martin Fontana.

Haiko Behrens, 1969, war bis Mitte 2017 Pfarrer im Mittelschanfigg und ist jetzt in der Timotheus-Gemeinde in Dornach-Gempen-Hochwald tätig. Er wohnt in Dornach.

Claudia Bollier Hülsen, 1975, ist Pfarrerin in der Kirchgemeinde Davos Altein. Sie wohnt in Davos Monstein.

Jörg Büchel, 1960, ist Pfarrer und arbeitet in der Seelsorge am Kantonsspital Graubünden in Chur. Er wohnt in Landquart.

Josias Burger, 1970, ist Pfarrer in Trimmis/Says.

Holger Finze-Michaelsen, 1958, war bis zum Sommer 2018 Pfarrer in Jenaz/Buchen. Er arbeitet seitdem als Autor und wohnt in Igis bei Landquart.

Rita Gianelli, 1967, ist Journalistin, u. a. für die Kirchenzeitung «reformiert.». Sie wohnt in Davos.

Barbara Hirsbrunner, 1962, arbeitet als Fachlehrperson Religion und ist Bündner Kirchenrätin (Departement Ökumene, Mission und Diakonie). Sie wohnt in Scharans.

Fadrina Hofmann, 1982, ist Regionalredaktorin der «Südostschweiz» für das Engadin und die Bündner Südtäler. Sie wohnt in Scuol.

Rahel Marugg, 1967, war bis 2016 als Leiterin einer Fachstelle für Gemeindeentwicklung der Evangelisch-reformierten Landeskirche Graubünden zuständig für Behörden- und Erwachsenenbildung und Ökumene/Mission/Entwicklungszusammenarbeit. Seitdem ist sie Primarlehrerin an der Gesamtschule der Gemeinde Avers.

Susanna Meyer Kunz, 1966, ist Pfarrerin und arbeitet in der Seelsorge und ist Leiterin des Care Teams am Kantonsspital Graubünden in Chur. Sie wohnt in Chur.

Angelika Müller, 1960, ist Pfarrerin in Langwies und psychologische Beraterin bei Paarlando, der Paar- und Lebensberatung Graubünden in Chur.

Ursula Müller-Weigl, 1966, ist Pfarrerin in Arosa.

Stefan Niggli, 1933, arbeitete in verschiedenen Funktionen im Bündner Volksschulbereich, zuletzt im Erziehungsdepartement. Er wohnt in Grüsch.

Sabine-Claudia Nold, 1970, Pfarrerin, ist Chefredakteurin der Zeitschrift «Wege zum Kind» und Redaktionsverantwortliche des «Pfarreiblattes Graubünden». Sie wohnt in Trin.

Martin Pernet, 1945, Dr. theol., Pfarrer, später Gymnasiallehrer. Er wohnt in Sent. Die Geschichte ist mit einigen Abweichungen unter dem Titel «Das abgelegene Seitental» erstmals erschienen in: «Das Lächeln der Vergangenheit. Erinnerungen eines Pfarrers aus seinem Leben in den Bergen» (Desertina-Verlag Chur 2016).

Astrid Weinert-Wurster, 1966, arbeitet je zur Hälfte als Pfarrerin für Menschen mit einer Behinderung in Graubünden und als Gemeindepfarrerin in Scharans/Fürstenau.

Peter Wydler, 1960, war bis Frühjahr 2018 Gemeindepfarrer in Bivio/Surses. Seit Ende 2017 ist er Kirchenratsaktuar. Er wohnt in Chur.

Urs Zangger, 1962, ist Pfarrer der Kirchgemeinde Oberengadin (Gemeindeteil Sils i. E./Silvaplana/Champfèr). Er wohnt in Silvaplana.

Daniel Zindel, 1958, Theologe, ist Leiter der Stiftung «Gott hilft» in Zizers. Er wohnt in Igis bei Landquart.

Illustrator:

Mihajlo Nenad, Jahrgang 1993, ist Illustrator aus Küblis.